After the Rain

Alexandra Elle

[美]亚历桑德拉·艾尔 —— 著

陈晓颖 —— 译

每一个你都炳若星辰

温暖治愈
给你自我关爱
的勇气

中国出版集团
中译出版社

风雨中努力舞蹈的人啊,
风雨不是你人生的全部。
长路漫漫,
你要心向云霓,
找寻生命的快乐。

美好的人生,
你值得拥有。

作者寄语 iv

人生经验分享 1

01 经验一
勇于改变
· 2 ·

02 经验二
自我关爱
· 22 ·

05 经验五
自我认可
· 54 ·

06 经验六
爱的力量
· 64 ·

09 经验九
调整呼吸
· 102 ·

10 经验十
重归于好
· 110 ·

13 经验十三
全力以赴
· 146 ·

14 经验十四
接受现实
· 162 ·

目录 CONTENTS

03 经验三
抚慰伤痛
· 32 ·

04 经验四
交给时间
· 42 ·

07 经验七
自我蜕变
· 80 ·

08 经验八
何以为家
· 90 ·

11 经验十一
身份认同
· 122 ·

12 经验十二
攀比之心
· 130 ·

15 经验十五
学会放下
· 172 ·

送给读者，与君共勉　182

作者致谢　188

作者寄语

AUTHOR'S NOTE

我这一生，每天都在学习如何从容面对突如其来的风雨。每次的风雨都让人心烦意乱，令人避之唯恐不及。这么多年过去了，我虽然懂得要自我关爱，但内心的波澜有时还是会彻底吞噬我的理智和清醒，让我无法泰然从容。人在身处旋涡时真的很难想象雨后的幸福和美好。

我在自我疗愈、自我觉醒的过程中学到的最宝贵的经验就是：虽然我已经为获得内心的平静和喜乐做出了巨大努力，但还是远远不够，我还要做更多的思考、采取更多的行动。不论你已经取得了多大的成功，内心多么充盈，又或是你以为自己已经做得到处变不惊，但你要知道，生活总还是要继续，风雨也不会停止，你还有更长的路要走，还要面临更多的选择，当然也会得到更多的收获。小时候，我以为自己永远不会长大，可在不知不觉中却已长大成人，也在不知不觉中学会了很多道理。我的人生如此，别人的人生也是如此。我真希望能有人告诉那个年少的我，人生永无止境。若是我有机会对十三岁的自己说句话，我一定要告诉她，如果我们不学习如何逆流而上，如果我们过于"佛系"地放弃自我成长，那我们将停滞不前、错过丰富精彩的人生。我接下来的目标是继续学习如何在风雨中舞蹈，即便学习的过程中有伤心、有流泪，我也绝不会放弃。人海浮沉，我初心不改，我要直面风雨，绝不躲闪。随着我不断地成熟、改变、成为现在的自己，我也找到了越来越多条能够帮助自己走出人生痛苦低谷的道路。

　　自我探索的艰难旅程中，我无数次发现自

己还有很多东西要学。我知道学无止境，有了这样的认识，即便有不安、有迷茫，我也无所畏惧。为了实现自我成长，我们要像秋日的落叶和春天的新芽一般，做好准备，卸下包袱，重新出发。不经一番寒彻骨，怎得梅花扑鼻香。在我们等待雨停、期盼晴空的日子里，耐心是我们最好的朋友，我们一定终将迎来碧空如洗、艳阳高照。每天，我都在学习如何充实自己的人生，如何让我与治愈和痛苦达成和解，如何描绘我的人生蓝图，如何讲述我的独特故事。一个人内心纠结很正常，我不必为此懊恼自责。很多时候，我们只有学会对自己的过往心怀感激，学会对那些哪怕最沉痛的往事释怀，才能真正获得生命的礼赞。

　　这本书汇集了我的经验教训和人生感悟，没有这些，就不会有今天这个学会了自我和解、自我反省的我；没有这些，我就不会明白纵使人生海海，我却可以内心从容。正是因为我的坚持不懈和自我调适，这本书才得以与读者见面，它记录了我寻找自我的来路、拥有归属后的喜悦以及我最真实的内心世界，无论是那个昔日的小女孩，还是如今这个成年女性，我都会将她最真实的面貌呈现给你。风雨过后，真理之光总会穿透云层，照亮世界。它会告诉我们所有人，我们都可以自我疗愈，我们值得拥有成长和改变。人生来就要锲而不舍，只有这样才能变成更好的自己。

走在人生路上，不管你经历了什么风雨、面临着何种困境，书中的文字一定能带给你希望、安宁、陪伴、共鸣和力量。我希望它们能在你内心柔软的角落安家，时刻提醒你：你并不孤独。让我们一起为了风雨中的舞蹈而努力，我们要相信，风雨过后就是彩虹；战胜恐惧，我们就是人生的赢家。

亚历桑德拉·艾尔

LIFE
LES

人生经验分享

SONS

经验一

勇于改变

CHANGE

每次我一想到改变,就会把它想象成四季轮回。这样一来,改变在我眼中就成了美丽的变迁和延展,而不再是什么令人害怕的经历。我醉心于秋日的黄叶,感慨于树叶的枯萎和凋零,思忖着究竟是什么力量让那些多年生植物对造物主有如此的信任,坚信自己第二年春天的复苏。它们那火红灿烂的叶子,书写的是勇敢的力量——既然留不住,不如放手,整个过程中,它们没有丝毫的迟疑和犹豫。

我这一生,最不擅长的就是放手。如果我是一棵树,我一定会担心我的枝叶会永远离我而去。但我也清楚地知道，在理想的境界，改变带来的不应该是恐惧；相反，只有改变了，我们才能有勇气放手，而自然规律也告诉我们，只有放手了，才能实现真正的成长，才能枝繁叶茂。

多年来的经验告诉我，做出改变虽不简单，但也并不梦幻，更非什么大无畏之举；整个过程会令人不安，让人心烦意乱，甚至触目惊心。学会勇敢面对改变、顺应改变是一个痛苦的过程，每一次都是如此。对我来说，自我调适的过程虽然惊心动魄，却也令我心潮澎湃。要想摒弃旧习惯，自然要走出舒适区，而在这个过程中我必须掌握主动，只有这样，我才能重新定义自我价值，才能发现生命的意义。我要学会独处，想想那不过是极度孤寂的冬日，早晚都会过去。当初，我并没想过要主动实现自我改变，到了现在，我发现它竟成了我人生最宝贵的经验。独处让我学会了放下、放手、放弃，摒弃那些于我无益的旧思路和坏习惯。改变让我懂得掌握自己命运的意义所在，我从没想过自己有一天竟能得此要义。

二十一岁那年，我终于认识到自己原来有能力实现自我成长，有能力与自己和解。明知道困难重重，但我还是迫切想要重新规划自己的人生道路，我要找寻快乐。只是那时候，我不知道该从何开始。我一生做过的最大胆的事就是解决了"从何开始"这个问题，勇于改变意味着我要正视自己，想清楚过去，看明白未来，我要分辨出"独处"和"孤独"的区别。此外，我还要整理好自己，摆脱掉那些不利于自我成长的人。我要从头开始，突破自我，走出困境。勇于改变意味着我要接受挑战、坚定信心，这对我来说，是一个全新的课题，我要重塑自我。

2011年的夏天，我迎来了自己二十二岁的生日。华盛顿的市区闷热无比、酷暑难耐。我刚刚丢掉自己第一份真正意义上的工作，失去了一小时十八美元的收入和行政主管的头衔。我本以为自己可以凭借这份轻松的工作捞到第一桶金，但我的的确确没有做好。其实，在这份工作之前，不管我做什么工作，我的表现都不尽如人意，就连在"FOREVER 21"（美国服饰品牌）做一天的销售或做一次临时保姆，我都做不好。我经常开玩笑说，估计即使到了现在，那些单位在开员工会议时还会把我拿来给他们的员工做反面教材。我不喜欢工作，不想为任何人打工——不管是家庭、公司还是非营利机构，我的工作态度老板们都看得出来。身在职场，我倍感痛苦，我不知道人生的意义何在，而我这种内心的茫然又继而增加了我做事的压力。我想要弄明白这其中的缘由，但却无从下手。对我来说，找份工作、凡事汇报、打卡上下班、耗费生命都非我心所向，根本不是我想要的生活。我记得自己七岁时就曾对姥姥说过："等我长大了，我只为自己打工，这样我就有更多的时间陪伴家人了。"那时候的我，虽然还是个孩子，但已经清楚地知道自己想要的生活，我可不想做一个郁郁寡欢的打工人。可如今的我，已长大成人，有了自己的小孩，我必须为她的幸福着想，为了她，不管是多么无聊的工作，我都会做。

之前提到的那份美差，我只做了三个月，我显然是那家小机构成立以来雇用过的最糟糕的行政主管，所以我怎么可能做得长久。我想最初是因为我那份漂亮的简历，他们才大胆雇佣了我这位年轻的单亲黑人母亲，但事实上，我简历上记录的工作没有一份是我喜欢的。当时，我母亲做的就是人力资源工作，是她帮我制作了一份极有说服力的简历。我记得面试当天，我穿了一条 H&M 的黑色螺纹西裤，上身配了一件淡蓝色系扣真丝衬衫，脚上穿的是一双中跟皮鞋，我感觉自己像在扮演《办公室风云》里的一个角色。看简历，我的确非常优秀，但看实际情况，他们开除我，我一点都不冤。

上班第一天，我似乎就是在扮演一个角色，但演得非常糟糕，除了在卫生间里自拍，我几乎什么都没做，我想，就算是办公室着火了，我恐怕都赶不及去灭火。那时候的我还不够成熟，又或者，我内心太过痛苦，无法接受自己已经有工作的事实。其实，那是一个很重要的岗位。面对工作，我的业余和蠢笨都源于我的不喜欢，但我也着实没想到，自己竟然被一封邮件炒了鱿鱼。发邮件的人一定是忘了屏蔽我，虽然很尴尬，但我却也感到一丝轻松，因为这件事早晚都会发生。这份工作应该由一个爱岗敬业的人去做，这样才配得上那份体面的薪酬。邮件的内容如下：

各位,

请问谁能告知她解雇一事?这个周末之前,亚历桑德拉必须得走。我已经联系了我们之前的行政主管,问她愿不愿意回来工作,她表示十分乐意。咱们的领导也答应给她加薪,她本周五就可以回来上班了。新来的这个姑娘实在太不给力了。

谁愿意做这件事?

——邦尼

我的一位同事人特别好,她主动表示愿意带带我。我们公司只有我们两个黑人姑娘,所以她尽管知道我不称职,还是愿意帮我一把。

邦尼,

我们真的非得开除她吗?或许我可以带带她?她还很年轻,初来乍到,可能还需要一些打磨。如果有任何回旋的余地,我愿意帮帮她。

——莎伦

对方的答复非常干脆，不留丝毫余地。

莎伦，

　　梅这周五就回来上班，在此之前亚历桑德拉必须得走，非常抱歉。你能不能明早就通知她这件事？对了，能不能再请你事先帮她把东西整理出来？这样，等她来了就可以直接走人了。
　　多谢。

　　　　　　　　　　　　　　　　　　邦尼

没人没注意到我也在收件人的行列，于是我选择了主动发声。

　　对不起，现在是什么情况？我被开除了吗？
　　　　　　　　　　　——行政主管 亚历桑德拉

莎伦马上打来了电话，告诉了我这个我已经知道的消息。"非常抱歉，亚历桑德拉，没想到你会以这种方式得知这个消息。"她开口说道。就这样，第二天我就被扫地出门了,我的东西已经被他们收拾好,装在一个棕色纸袋里,放在我的工位上。袋子的封口叠得整整齐齐,还用一根黄色曲别针别得紧紧实实。我来到办公室的当口,梅刚好要离开位子,她站起身,直盯着地面,极力回避我的目光。在我逗留的那十分钟,办公室的每个人都十分尴尬,我想,他们或许会等到我开车离开停车场的那一刻再集体欢呼吧。如今,我已经可以笑看往事,那时候的我,的确做不了行政主管。

于是,我又得找新工作了,这次我要找一个自己多少能胜任的岗位,工作任务不重的时候我还可以写写诗,工作单位最好离美国邮政近点儿,这样我还可以利用午休时间把别人订购的我手工制作的首饰给寄出去。总之,我的新工作一定不能包括行政管理或与客户沟通这类职责,我不擅长的岗位包括行政、销售、饭店服务员等。这次,我要培养自己的创造力,我要像七岁时告诉姥姥的那样,我要给自己打工。我的目标是靠自己热爱的工作养活自己,但我不过是一个没读完新闻系的肄业生,这一切似乎根本不可能。为了糊口,我有空会做点首饰,另外,我还想写本书出版,可这太难了，根本不现实，就连我的父母都不支持我。"你到底想做什么？"妈妈问我。"你的小孩怎么办？没有工作，就没有医疗保险，你能攒下钱吗？作家根本不赚钱，做首饰也不是长久之计。自己创业哪有那么容易，你会一直疲于奔命。你有这种想法就很自私，为什么要做这样的事？"我的继父平时少言寡语，但我确定，他的想法跟我的母亲一样。

他们的担心和忧虑不无道理，我事先也想到了他们会有这样的态度，但他们的担心究竟从何而来？妈妈有些话说的没错——甚至非常有道理，我知道，人们对未知事物都心存恐惧，我本人也是如此。做有把握的事总是更容易，所以人们总愿意求稳妥，而不愿意冒险，更不愿意面对失望。但是，我不想这样，我已经做好了心理准备，我要勇于改变，我要有职业操守，我要攒钱，我要另辟蹊径。我仔细思考了妈妈提出的疑问，权衡了利弊得失，她的疑虑以及我长期养成的自我怀疑竟然成了我努力开拓的动力。如果我都不相信自己，还有谁会相信我？

我暗下决心，我要从这里启程，要让自己变得富足、快乐,我必须重整旗鼓。我虽然有时候会感觉自己的确是在朝着目标前进,但我前进的速度太慢了,我甚至觉得自己不够勤奋,没有全力以赴,我必须做出大刀阔斧的改变。我感觉自己仿佛成了机器人,陷入了无休止的平庸模式,无法突破,我似乎也已经习惯了平庸的自己。我知道,改变需要勇气,要勇于放手,勇于承认自己的脆弱。哪怕失败一次、两次,我也绝不能放弃。

今天回头想想,要是没有我那最后一份工作,我不可能成为今天的自己,也不可能成就今天的事业。记得当时我是在翻看招聘广告时发现了那则招聘信息,我想找一份我既能胜任又不至于太讨厌的工作,我希望自己干的活能有益于社会,这是我努力的方向,哪怕做不长久也没关系。报上刊登的一则招聘启事吸引了我的注意,那是一家小型机构的项目联络员兼行政助理,公司位于西北特区。当时给我面试的那位男士把我招进了公司,而八个月后,同样又是他将我扫地出门。可以说,如果没有他,我不会勇敢投入所爱,不会大胆做出改变,而这才是我人生中最重要的事。

我永远也不会忘记我最后一天上班的情形。主管山姆那天情绪特别不好，他一直是一个情绪化的人，但那天尤其严重。当时，我正在和几个团队成员讨论事情，山姆横冲直撞地进了门，气急败坏地让我多订购些咖啡壶滤网，并命令我立即执行。我跟他解释说我当天上午已经下了订单，滤网过几天就能到货。

"那你跑到后面来做什么？"山姆火冒三丈地质问我，"你的工位不是在前面吗？"

我解释说，明天有一位同事离职，我们几个正在装饰她的办公桌为她送行。五颜六色的装饰纸摊在面前，我内心倍感羞辱，但我努力克制，不想与其争吵。

"没问题，但还是请你回去自己的位置，这不是你的工作，你好好接收邮政包裹就行了。"山姆语气中透着讽刺。

我听到他一边往外走一边低声说道，"人不能忘记自己的位置。"

"你说什么？"我问他。

山姆一脸不屑，回答说："你不过是个底层员工，对公司来说可有可无，你应该明白这一点。我不想把话说得这么直白,但事实就是如此,咱们都别忘了规矩好吧?"

他的无礼让我恼羞成怒。虽然办公室里山姆一直是出了名的难搞,有时甚至不可理喻,但他这次对我的人身攻击却好像蓄谋已久。只要他心里不舒服,别人就都别想好过。我努力调动自己共情的能力,尝试着去理解他,毕竟,我不想拉低自己的档次,但我所能做到的极限也就是保证自己不对他破口大骂。

整个办公室鸦雀无声,同事都一脸错愕,惊讶之余我们似乎达成了共识,刚才的山姆肯定是疯了。愤怒涌上喉咙,我说不出话来。我想,这肯定是我的报应,谁让之前的几份工作我都做得不够好呢。我努力为刚才发生的一幕找到合理的解释,但我怒火中烧,我想自己的耳朵肯定是蒙了,所以根本无法理解刚才听到的内容,就像教堂的钟,一直在我脑子里嗡嗡作响。或许那是上帝给我的忠告,他告诉我,"姑娘,别激动,冷静!"

其实,我早在几个星期前已经递交了辞职报告,当时,我第一部独立出版的作品《流浪者的心声》卖得很好，我觉得自己可以辞掉工作全身心创业了。毕竟我有很多事情要做，朝九晚五的工作已经阻碍了我的发展，再说，我的女儿也马上要上幼儿园了，我已经做好了离职的准备。但当我向山姆递交辞呈时，他极力地挽留我，不仅提出给我加薪，还不惜溢美之词，把我的工作表现好好夸赞了一番。"你的离开对我们来说是个巨大的损失，"他当时是在会议室跟我说的这番话，就坐在我的对面，"我们希望你能在这里继续发展，我相信你可以。你可以跟我说说，你想让公司为你做点儿什么。"

后来他又提出给我加薪，就这样，我违背本心，留了下来，内心琢磨着或许还不到改变的时候，或许我该稳扎稳打，先攒点钱，等时机成熟再辞职也不迟。我是不是太过草率了？我常常问自己这个问题。如果真是这样，我急的是什么呢？事实上，我并不是个冒进的人，更多时候反而过于恐惧，我害怕自己翻车，害怕自己在追求梦想的路上摔得头破血流，担心自己入不敷出、捉襟见肘，我有孩子要养，所以绝不能允许自己陷入这种境地。要是创业失败了怎么办？要是我妈妈的话应验了怎么办？我的梦想真的是自私和缥缈吗？

让我万万没想到的是，几个星期之后的今天，他竟然说我是个可有可无的员工，说我占着接收快递的职位赖着不走，简直让我大跌眼镜。因为我一直不确定自己的能力，所以才在这个岗位上待了这么久，其实我早就该离开，我需要的正是山姆的这次"发疯"，好像整个宇宙都在示意我，我告诉你离开，可你偏不信，现在相信我了吧？这次荒唐而痛苦的经历总能说服你离开了吧？是的，真的是时候离开了。

我放下手里的装饰纸，站起身，跟着山姆来到走廊，没想到他又开始破口大骂。我打断他说："我不知道你抽的哪门子风，但我决定不干了。"

"你说什么？"他厉声道，满脸通红、火冒三丈。我不想再跟他废话，他分明听清了我说了什么。我回到自己的工位上，那是他口中"我该待的地方"。我开始收拾东西，几分钟后，山姆跑过来找我，问我是不是真的想好了要辞职，还说刚才大家都在气头上，应该冷静冷静。我抬头看看他，坚定地说："我想好了。"

"那好,"他愤愤地说,"那我现在就把你的地铁充值卡停了。"

"没问题,山姆。"我边说边拿着自己的东西走出了办公室的大门,迎面正好碰上快递公司送过来一大堆快递。

"都交给他吧。"我向快递员指了指山姆。

走出大门,我感到格外轻松。我终于坚持了自我,不再任由那些高高在上的人对我颐指气使。虽然内心还是有一丝恐惧,但我终于可以顺应自己的本心,认真追求吾爱了。有那么一瞬间,我也在想自己会不会铸成了大错,但一想到那个可怕的办公环境,想到自己的价值被人无视,我即刻觉得自己并没有做错。站在街角,我给我现在的丈夫莱恩打了个电话,电话这头我越讲越生气,甚至想找人打上一架。莱恩劝我别激动,他说我已经为人生的转变做好了准备,他还说我与众不同,这次终于迎来了人生崛起的时刻。我认真听他讲完,神经不再紧张,心里默默认同了他的话。此时此刻,我需要的就是他这样的鼓励。接下来,我又给我妈妈打了电话,她工作的地方距离我当下伫立的街角只有一个街区。我又给她讲了一遍我的经历，心想她肯定会让我滚回办公室把工作给要回来，但她并没有。我没想到她竟然说我勇敢，还说我面对不公没有选择忍气吞声很了不起，她为我的决定感到欣慰。我瞠目结舌，看来真是时候做出改变了。

第二天，就连起床也变成了一件开心的事，因为我不再需要为他人的梦想作嫁衣了。虽然有点想念同事，但我一点也不后悔辞职的决定。我爬起床，忙活着把女儿送去学校，回来后就开始撰写我的第二部作品《语言中的爱》。刚辞职那会儿，为了赚钱，我偶尔还是会制作些首饰拿去卖，但后来慢慢就不需要了。我想全身心地投入自己的写作事业，这次的人生转变是我证明自己的机会，我要证明自己能够走出舒适区、迎接全新的生活。跟父母同住的那段日子我攒了些钱，我希望自己搬出去独立生活时不至于担心自己吃不上饭。对于即将到来的一切，我激动不已，但内心又觉得很踏实，因为我知道，任何事都无法阻止我深耕热爱的事业，妨碍我追寻属于我的快乐。

辞职两个月后，我收到俄亥俄州立大学发来的一封邮件，对方想邀请我去做一次讲座，给出的报酬比我以往任何一笔酬劳都要高。看到邮件时，我流下了幸福的眼泪，我从此正式迎来了自己的作家、导师和演说家生涯。我之所以流泪是因为即使在我人生最茫然的时候，这世界上还是有人关注到了我的作品和文字。这一切都来之不易，我是经历了多少个错误、更换了多少份工作才拥有了今天的一切呀。人生总是会起起伏伏，还会伴随太多的恐惧和不安。我在辞职那一刻就已经想好了，不成功便成仁。2013年的那一天，从我走出办公室那一刻起，我就开始了自由的翱翔，实现了飞速的成长。此时此刻，我为自己能找到人生的定位而欣喜，不过同时我也知道，我还有很多事情要做，还有很多东西要学。

我知道,风雨过后,

迎接我的是

更加宽广、明媚的康庄大道。

实现自我有很多途径，

我选择循序渐进地自我修复，

毕竟，成长没有捷径。

关于
勇于改变的
思考

CHANGE MEDITATION

你想如何做出改变?你的人生,你想改变什么?哪些改变需要你全身心投入才能实现?请在你的成长日记中列出一份清单,把你自我成长过程中想要做出的改变一一罗列出来。

经验二

自我关爱

SELF-LOVE

我很小的时候就知道，我不喜欢自己，对自己的厌恶感如影随形，我还因此养成了一个非常不好的习惯，那就是动不动就把自己贬得一文不值。长大后，每当我回顾过往，反思自己的成长和童年，很多情绪就会迸发而出，有些情绪让我至今都无法面对。如今，我每天都会回顾自己的疗愈之路，分析自己如何走出了创痛。虽然我还没有完全准备好打开痛苦记忆的盒子，但我明白，为了给治愈腾出空间，我必须学会从爱出发，恐惧解决不了问题。

小时候，我从来没有过被爱的感觉，至少不是传统意义上的被爱，与其他小朋友相比，我得到的父母呵护截然不同。我时常就想，我为什么要来到世上，活着的意义究竟何在？这世上，有人需要我吗？如果这世间真有上帝，他为什么要如此对待我？因为缺乏归属感，我儿时的心态非常不健康，但是，要想摆脱自我厌恶的情绪也绝非易事，毕竟你已经习惯了自我嫌弃，习惯了郁郁寡欢。你需要摒弃这些，需要靠自己的醒悟而不是他人的肯定找到自我认同感、成就感和真正的快乐，你需要学会爱自己，不管外人爱不爱你，你都要做到自我关爱。

儿时的我，总觉得自己不招人喜欢，那种感觉如滔滔江水，彻底将我吞噬——让我陷入了冰冷、深不见底的漩涡。我最初的记忆严重影响了我的归属感，包括我对自己身体和家庭的认同。那时的我只有七岁，母亲开着她那辆掉了漆的白色马自达载着我，车的座位已经被晒得褪了色，而且上面满是污渍。母亲将车从灯光幽暗的车库里倒出来，我坐在车里四处张望。我的存在让她很是焦虑，似乎永远如此，很多时候，我都能从她脸上读出"我为什么要生这个孩子"的表情，那种情绪清晰得好像日记里记录下来的白纸黑字。我能够强烈地感受到她对我的厌恶和失望，我想一定是自己做了什么让她生气的事，是我走得太慢，跟不上她的脚步吗？或许是吧。还是因为我总爱跟她顶嘴什么的，谁知道呢。她每次生气都会大发雷霆，我坐在车里，耳畔嗡嗡作响，内心无比恐惧和懊悔，我把身体一点一点挪向车门，好像只要离她远一点自己就不会遭殃了似的。很长的一段沉默过后，她一边看向我一边咬着牙对我说："你以后再这么疯跑，我就把你扔下车。"那一刻，我体会到了什么是仇视和厌恶，强烈的无力感和困惑在我内心升腾，像奔腾的兽群放肆奔跑，一门心思想要甩开身后的影子。那种感觉刻骨铭心、挥之不去，好像从我出生后就一直伴随着我。我甚至想过死，或许只有我死了，我妈妈才会爱我。

那时候我年纪太小，所以根本不会去想母亲是否有问题，或许内心的抑郁已将她吞噬，让她压抑得喘不过气来；又或许她只是讨厌她自己，虽然活在不安的痛苦中，她还是想知道该如何爱我，她只是做不到罢了。我不知道哪种情形更糟：是已经抑郁到无法呼吸还得为人父母，还是根本没有爱的能力还得为人父母。如今，我自己也成了母亲，所以我明白，我们在悔恨和救赎中的挣扎会深深影响我们对自己的认知，而打破后的重新塑造，有时会让我们变得更好，有时却会让我们变得更糟。

现在回想当天坐在车里的我，我终于明白，如果我们不懂得自我关爱和自我宽恕，就会严重影响我们在他人面前的表现，包括我们在自己孩子面前的作为。我的出生，并不是因为爱或渴望，在我的家里，我感觉不到任何呵护和滋养。从童年开始，我就感觉自己一直生活得小心翼翼、束手束脚，生怕做错什么会导致整个世界崩塌。我一直渴望有人爱我，谁都行，渴望有人眼里有我、需要我。可以这样说，父母犯下的罪过成了我成长路上的桎梏，而自我厌恶的情绪又向我伸出了魔爪，一度紧紧控制着我，不肯放手。我只能自己弄清楚该如何爱自己，我不断地探索，直到二十四五岁才找到答案。

随着自己慢慢长大，人生的经验逐渐开启了我的心智。二十三岁那年，我清楚地意识到我生来并非任人摆弄，所以没有理由非要向世界低头。有一天，我终于豁然开朗，我要掌控自己的人生，不能再自怨自艾下去。我不想再听自己抱怨过去的不如意，我要认清真实的自己，直面过往，勇敢地做出改变。即使我儿时的确缺少关爱，我也不能再以此为借口背负自我毁灭的人生。以前，我每次做错事，每次感到人生即将崩塌，都会以过往的不幸为借口为自己开脱；现在，我终于明白，人生很多事的关键就在于你的选择，因此我决定放过自己，学会关注自己的感受，而不去在意他人的眼光。多年以后，我终于改写了自己的人生故事，摆脱了受害者的人设。一味地把自己的成长环境和自我价值缺失归咎于他人，怎么可能成为长久之计？过去的事情已经过去，不能代表现在，不论儿时有没有过创伤，我都要凭借自己的力量实现凤凰涅槃，重新飞入九霄。如果说周围的一切都帮不了我，那只是因为我没有给它们帮我的机会。随着年龄的增长，我越来越清楚地意识到，我的痛苦很大程度上是我自己造成的,所以我必须做出改变。你要学会爱自己,学会凝视自己的眼睛,你可以深吸一口气告诉自己:我眼中有你。

我对他人都能温柔以待，

对自己更该如此。

我光彩照人，

我要追求快乐。

我应该拥有自己的一席之地。

自我关爱的路上

并不总能一帆风顺。

路上可能荆棘密布，

你可能会受伤，

可能会疲惫。

自我关爱的萌生

往往都在人生的至暗时刻，

也正因如此，待我们最终走出黑暗，

光明才显得尤为宝贵。

即使伤口疼痛,

我也有勇气去触碰。

我要告诉它,

别害怕,你一定可以愈合。

愈合的过程中,

伤口或许会一次次裂开,

这也让我明白,

那些我以为愈合的伤痛

其实还需要我的呵护。

关于
自我关爱的
思考

SELF-LOVE MEDITATION

你记忆中第一次关爱自己或努力尝试着对自己好是什么时候?有谁教你这样做吗?要想做到自我关爱,你需要学习什么,又要摒弃什么?抽丝剥茧地挖掘你的故事,找到学会自我关爱的关键和根本。

经验三

抚慰伤痛

SMOOTING THE SUFFERING

　　安静的清晨是我每天最惬意的时光。睁开眼,看着太阳缓缓爬上天空,看它在身后拖出一道道金灿灿的光芒、留下一抹抹红艳艳的彩霞,我的内心澎湃不已。我太喜欢看日出了,它让我感觉人生充满了希望,即使经历了死寂般的黑夜,一切也都会重新美好起来。

　　但即便如此,总还是会有一些日子,就算天空再惊艳,我还是打不起精神,所谓心怀感恩什么的,那都是事后才能体会到的心情。记得在我开始自我疗愈多年后的一个清晨,我睁开眼醒来,这一夜我睡得一点也不踏实,醒来后心情也越发沉重,觉得哪哪儿都不对。负面情绪就像一件披风，包裹着我，无情地扼杀着我的快乐。我当下就感觉，完了，我这一天都要毁了。外界似乎也没有什么迹象能让我改变这种负面的想法，看来今天必定是纠结的一天了。令我更为难过的是，我似乎根本弄不明白问题的症结，自然也就无法彻底摆脱类似的状况。我竟然搞不清自己的问题所在，这让我无法接受。本来心情就已经很沉重，却又找不到其中的原因，我的内心无比孤独，充满了忧虑和自责。

于是，我拨通了一个朋友的电话，她本身就是一位精神导师和人生辅导专家，我想问问她我是不是越来越不正常了。电话那头的她让我先弄清楚自己难过的诱因，她说我有时会对一些明显的东西视而不见。我在电话这头翻了个白眼，"难过的诱因？"我语气中带着一丝尖刻。这并不是我希望听到的答复，不过，当下的我内心充满了恐惧，于是便按照她的建议开始回想之前的事情。的确，前一天晚上，童年时困扰我的无力感莫名再次涌现，小时候，我常常纠结于自己活着的意义，我活在这世间究竟有何价值？我觉得自己不够好,希望能有所改变。我内心那个小朋友又在闹别扭了:她在求关注、求关爱。我在自己的愁绪中看到了这样的心境。

我一直在努力挖掘童年带给我的不良情绪,希望控制它们,以为只有这样,它们才不会影响我当下的生活。我本来以为这些问题我已经解决了,没想到它们会再次出现,这不仅搅扰了我一天的心情,还让我开始怀疑自己的疗愈之路是否走对了方向。我本以为自己的疗愈已经到达终点,本以为自己已经收拾好所有刺激我的负面情绪,但事实显然相反,当下的我非常沮丧,我竟然又开始怀疑我对自己的认识。

"究竟哪里才是自我疗愈的终点?为什么它貌似没有尽头?"我问电话那头的朋友。我告诉她,我是多么渴望自我疗愈结束的那天,我反复尝试,反复确认,我感觉自己就是在浪费时间,好像陷入了无限循环的黑洞。"有些东西可能永远无法改变,"我说,"这一点我很清楚,也能接受,我生气的是为什么那些童年的伤害如今还会让我感觉无比痛苦。"她并没有打断我,让我一直说,一直说,直到最后,她用无比温柔地语气告诉我闭嘴,让我停止抱怨。她说,你明明知道自我疗愈该怎么做,为什么还要纠结于那些无法改变的痛苦?道理你都懂,只是有时它们出现的方式并不清晰,因此多少会让人感到困惑,但这并不能说明是你无能,是你不够好,它只是想告诉你,你还要在现有的基础上继续学习。

好,我明白了,那也就是说,只要活着,我就永远无法消除曾经的痛苦,而我能做的只有抚慰伤痛,我必须明白这一点。朋友鼓励我跟儿时的自己对话,下次如果她再从我的内心深处走出来请求我不要忘记她,我可以给她写封信或留张纸条。虽然我不想这么做,但想试试总无妨——万一真能抚慰到我呢。

我问自己,关于伤痛后的自我修复,我有什么可以告诉那个年少的自己呢?我要告诉她人虽然生来脆弱,但也有仁慈和力量,我要告诉她:

  你要抓住痛苦,体会伤痛,不要逃避恐惧。不要害怕去触碰你内心最大的恐惧,寻求他人帮助并不是无能的表现。脆弱就脆弱,认识到这一点,你才能学会坚忍。找到痛苦最薄弱的地方，好好呵护，慢慢包扎，别急着改变一切，疗愈本来就是一个缓慢的过程。

我还要告诉她，哪怕生活毫无头绪也没什么大不了，她甚至应该为此感到高兴，因为奇迹的出现往往都是在人生最混沌的时刻，而自我修复也总是等到生活把人彻底击碎后才会真正地开始。

跟朋友的这次沟通让我明白了很多道理。我会一直在疗愈伤痛的道路上探索，经年累月，我一定会越来越明白，情绪的困扰永远不会结束，总会有一些突如其来的情绪让我不知所措，但我也知道，即使痛苦再次来袭，我也有能力找到新的办法来自我抚慰。对此，我不再纠结。

咱们再说回那个心情沉重的早上，那天我竟忘了自己其实有能力找到内心的平静，有办法安抚自己的情绪，这是自我疗愈过程中必不可少的一课。痛苦、伤心当然不是什么良好的情绪，但经过多年的努力，现在的我知道一切都会好起来。哪怕情况不会好转，哪怕问题会一直困扰着我，我也能够接受，我需要的是不断应对、不断学习。不管事情朝哪个方向发展，我都会不断进步，不断前行，这就是我从中得到的宝贵经验。

苦难是我人生伟大的老师，它在不知不觉中教会了我很多东西。我学会了自我疗愈，在痛苦时保持优雅，在紧张、不安时谨慎前行。没有人教过我面对人生的痛苦我该如何解脱，没有人告诉过我原来我自己也是造成如此痛苦的原因之一，我是慢慢才懂得承认这一点，也慢慢学会了理解其中的缘由。

面对痛苦不知如何应对的确让我心神不宁。但我一路走到今天，已经能冷静地正视曾经的痛苦，这也足以证明我们每个人都有能力自我修复。即使深陷痛苦与混乱中，我也可以放下对无法改变的事实的纠结以及必须找出悲伤理由的执念，因为只有这样，我才能修复破损的自己。苦难也能带给我快乐，因为随着成长，我可以改写自己人生的故事，拥抱各种人生的可能，哪怕梦想遥不可及，那也没什么大不了。我允许自己毫无愧疚地面对自己的心痛，我要对它讲："我不会因为你而意志消沉。"这改变了我对痛苦的态度，让我学会呵护心底那个童年的自己，我不仅学会了如何爱孩子，也学会了如何爱自己。

外面的世界一直告诉我们要悠游自在地活着，要循规蹈矩、小心谨慎，但现实并非如此。不论我们心态如何，总会有些事情提醒我们，生活、治愈、学习情绪管理之间并不是割裂的关系，它们并不是逐一出现，而是同时存在，就好像是怪石嶙峋，一路带着我们经历着人生的起伏。朋友提醒我说，我绝不能被曾经的苦难压倒，因为苦难终将过去。

从那天起，我有了新的人生信条，伤痛虽不可避免，但却终将愈合。我开始接受人生不总是一帆风顺的事实，也因此更加懂得珍惜所有幸福的时光。人生中的每一次日出都值得被拥抱，哪怕被周遭的困顿蒙蔽了双眼，我们也不要忘记拥抱晨光。生活并不会因为我们感到痛苦而停止不前，我们需要学习的是如何抚慰伤痛，如何走出痛苦——到时候，我们的人生就会豁然开朗。

失败的滋味,

苦涩而微妙。

细细回味,

才会苦尽甘来。

我的心将永远柔软,

哪怕面对伤痛,

也会被爱充盈。

我要认真学习,

把痛苦当作老师,

但我绝不会让自己变得刻薄无情。

关于
抚慰伤痛的
思考

SMOOTING THE SUFFERING MEDITATION

想一想,你有哪些抚慰伤痛的办法。人生在世,不可能一帆风顺,痛苦、失败都无法避免,但只要你有办法在逆境和悲痛中找到力量,你就能在世人面前展现出更好的自我,那也将是一个充满自信的自我。想一想,自我抚慰在你自我疗愈过程中能为你提供哪些帮助。

经验四

交给时间

我再一次看到八岁大的自己坐在飘窗边,那是我和妈妈曾经住过的老房子。房子红色的前门上有一个黄铜镶嵌的投信口,每次有信塞进来都能听见它吱吱嘎嘎地响。在我眼中,那投信口像极了一张大嘴,好像随时准备吞噬一切,包括我的小胳膊——要知道,我常常把小手从投信口伸出去玩,我可不想被它吃掉。房子大门两边的灌木丛长满了小树形状的树叶,结出的红色浆果从枝头掉落在地上,点缀着满地的落叶。我喜欢坐在床边的角落里等着我的亲爸来接我,他随便带我到哪里逛逛都好。等待的时间总是很无聊,所以我常一边数着门外的台阶，一边反复盯着时间，希望时间能过得快点。其实，大多数时候爸爸都不会出现，所以我常常是空等到日落，沮丧地流下眼泪。一次又一次的失望过后，我养成了一个坏习惯，那就是无论做什么，我都想匆匆了事，越快结束越好——毕竟，等待太让人痛苦了。我忽略了时间教给我的宝贵道理：生命从来都不因我们的意志而改变，无论我们心怀多少期许、多少等待，都无法改变生命的进程；还有就是当我们真正在乎一个人或一件事时，我们会愿意为其付出时间。每次我回首过往，每次我想要安慰心里住着的那个年幼的自己时，我都会想方设法让她也明白这个道理。

时间成了我最好的老师，帮我治愈了很多伤痛，我这一路走来认识到自己的许多痛苦，最终都是时间给了我安慰。不仅如此，我每次走出人性的脆弱，每次攀爬到勇气的巅峰，也都离不开时间给我的帮助，是它拯救了我，教会我怎样才能成为一个更加睿智、坚忍、宽容的人。我学会松开紧握的拳头，我打开手掌，让我对过往的执念从指尖慢慢溜走。时间会一直指引我，指引我走向曾经以为无法企及的骄傲人生。每一天，我都能挖掘出让自己变得更好的道理。

时间真的很了不起，它教会我要关心自己，教会我把时间花在良性的人际关系、有价值的事业和可以留给后人的宝贵财富上，它教会我接纳、理解，教会我在被生活压垮后如何重整旗鼓。我似乎成了一件艺术品，经历了漫长的无视、彷徨和挫败的岁月的打磨。时间已经明明白白地告诉我，我才是自己最可怕的对手，也是我所面临的真正挑战。纠结于过去该有的样子，却又无法真正改变过去，这样做毫无意义，一味地对无法改变的事实抱有别样的期待，只会削弱我战斗的力量。

时间，不管是拿来有效利用还是虚度荒废，都教会了我很多东西，其中最宝贵的就是我才是自己人生的设计师，我要像园丁一样，掌握自己的命运，我要松土、筛选、播种，然后看着它们生长，我要悠然而从容。随着时间的流逝，我不断拥有新的收获和新的感悟，我可以把我成功和失败的经验与他人分享。时间一直牵着我的手，告诉我接受那些难以接受的现实，告诉我停止讨好他人的虚假表演。人生不是在台上演戏，违背真心、迎合他人只会损害我自身的价值。长久以来，我一直披着斗篷把真实的自己掩藏起来，我感觉自己像是个骗子，一直在与真实的自己背道而驰，而且越走越远。以前的我，总希望迎合他人的想法，满足他人的期待，但这样做只会慢慢扼杀真实的自我，因为我偏离了自己人生本来的轨迹。

我一直在努力删除或忘记生命中的某些故事。探索的路上，时间是我最好的朋友。我一直在努力放手，放弃修复破碎的过往，希望时间的平和可以治愈我的鲁莽。无论痛苦是否如大海般深邃，时间从未让我失望过，它总会帮我找到清晰的视角和平和的心态。

有时，我会幻想我和童年的自己肩并肩坐在一起，还是在那个飘窗边，房子的红色大门上依旧是那个黄铜镶嵌的投信口。我紧紧搂着她，告诉她不用一直坐在这里等着什么人的出现，时间真的很宝贵，不要浪费在数台阶上了，不要在这里无谓地空等了。我想象着自己紧抱着她，为她拭去泪水，像母亲一样呵护她，让她的悲伤像河水一样顺着我的身体流淌。我想提醒她，她独一无二，父母爱她与否并不能定义她的价值，她未来一定会生活得很幸福，她的人生会充满意义、饱含激情。所以，她无须取悦他人。我希望她能相信我，即便有些惶恐，也能充满好奇地听我把话讲完。

我小时候从来没想过自己长大后会变成什么样子。我希望自己长大成人，但完全想象不出成人后的生活会是怎样。回首过去，我不明白自己为什么迫切想要长大，或许因为只有长大了，我才能获得独立和快乐——等我到了十八岁，我有了自己的孩子。但即便如此，我还是无法理解成人的世界。年龄的增长似乎并不真实，但时间的确张开翅膀一直在我头顶盘旋，伺机降落。它飞呀飞，像一只盘旋的鹰，似乎想要告诉我，它并不会因为我而放慢飞行的速度。如今，我所担心的是自己的时间不够用。有些日子，我早上刚一醒来就盼着能按下时间的暂停键，好让自己有更多的时间与我爱的人相处。然而，时间永远不会停止，也不会放慢脚步，如何节省时间、如何计划时间，俨然成了一门艺术，是时间让我懂得了顺其自然的意义，也让我获得了放手所带来的平和。

四季流转,时间飞逝,我意识到自己的故事才刚刚开始。每次的暴风骤雨都在提醒我不要着急,也告诉我一旦时机成熟就要做出改变。时间让我学会了宽恕,教会我敞开心扉勇敢去爱。虽然我的人生有很多苦楚,但我不想带着痛苦的记忆离开人世。人生在世,不可能一帆风顺,苦难来了,我们要学会如何承受。

回头看看,想到自己很有可能走不到今天,我不禁打了个寒战。曾经的我,是一个哀伤、迷失的女孩,差点误入歧途,甚至曾经在生死边缘徘徊。从想自我了断到想办法自救,从被迫沉默到站在屋顶勇敢地喊出真实的自我,从无力挣扎到精力充沛,我真的变了。我学会了很多,知道韬光养晦,为雨后的彩虹做好准备。抗拒无法让我成长,怨恨只能让我迷失,痛苦总是把我紧紧地禁锢起来,导致我内心的小女孩只知道哭泣,却不懂得期冀更美好的人生。勇于改变、接受挑战当然很了不起,但我想,认清并接受自我,同样值得庆祝。

时间让我成长,长成了这个有了点年纪的我,它教会我释放自己,只有这样,我才能迎接新的故事和人生。我花了那么多年的时间抱怨命运的不公，对没得到的东西和关爱总是耿耿于怀，直到现在我才明白，我可以感到气愤，但是不该让它阻碍我的成长。我要告诉身体里的那个小姑娘，纵情去玩耍吧，一切安好，你也要学会放下。我要告诉她，她不用一直坐在窗前等待，治愈的路上会有坎坷，但只要她愿意，她就可以拥有不折不扣的快乐。时间能证明一切，自我修复的路上我也可以对自己温柔以待。我有足够的耐心，大不了从头再来，我已经做好了心理准备。

有时候,我们需要从零开始,

即使付出了很多,也可能要从头再来。

疗愈的路上,总会有新的发现。

自我疗愈不会一帆风顺,

花开花落,

人生如四季变换。

我在痛苦中浮沉,

但每次从头再来

都能给我举重若轻的优雅。

不管别人如何看我,

我有勇气正视自己,

关爱自己。

即使外人不接受我,

我也要接受我自己,

这需要勇气和信心。

我相信自己的价值,我选择自强不息。

即使被拒绝,又能怎样?

生活教会我

哪怕再艰难,我也要斗志昂扬。

你不必知道怎样做才能成功,

但你必须要有愿意尝试的勇气。

我正在走出困顿,

我正在梳理人生。

即使在疯狂中,我也能找到内心的宁静。

我值得拥有清净的情感空间。

放手让我明白我其实并无所求,
我已经拥有了很多。
我获得了知识、毅力,
我成就了更了不起的自己。

生命中留下的所有痕迹都教会我去客观地判断,
消失的过往也提升了我的心智。
放手不等于失去。
我有能力做出改变,获得快乐。
我放手的一切都已毫无意义,
它们无法帮我优雅地完成治愈,
所以我要留出空间,做出真正的改变。

我感谢那些离我而去的人,

他们并不爱我;

他们的离开让我明白,

爱自己才是我人生最强大的武器。

**关于
交给时间的
思考**

TIME MEDITATION

时间是否修补了你的人生?它帮你修补了什么?它是否教会你如何做一个通透、自如而优雅的人?

经验五

自我认可

VALIDATION

多年以来，我内心深处承载着很多人的故事，哪怕是在生小孩以前，我也已感觉自己心里住了一大家子人，拥挤不堪，而自己则也被搞得四分五裂。我想找人把我重新拼凑起来，仿佛自己是一张拼图或马赛克艺术。我渴望拥有完整的自己，渴望做到自我接纳。有谁，究竟有谁眼里有我？有谁，能给我爱的呵护？我从未感受过内心的完整或满足，所以总想获得他人的认可，我觉得自己一生下来就活得支离破碎，不知道该如何修复，如何在破败中发现奇迹。我一度以为，要想成为完整的自己，我就需要别人把我重新拼凑起来。

我是后来才懂得什么是自我认可。这一路走来跌跌撞撞、反反复复，不过只有这样，我们才能总结经验，实现成长。伴随着自己一次又一次的崩溃，我越来越清楚地认识到，一个本身需要修复的人根本无法治愈他人，甚至无法治愈他们自己，所以我们不要把残缺不全的自己呈现在他人面前，这样做只能让情况变得更糟，尤其不要对你的约会对象做这样的事。我记得二十二岁时，自己经历了人生最后一次毫无结果的暧昧关系，我看着镜子里的自己，心想，你什么时候真正对自己好过？什么时候面对过真实的自己？答案是从来没有过，因为我一直把希望寄托在别人的身上。

二十二岁那年，我用了很短的时间就熟悉了弗吉尼亚的首府里士满那座城市，因为我太多次急不可耐地跳上车，风尘仆仆地开上几个小时赶去那里，只为见一位根本没确定关系的男朋友。现在想想，我们在一起时，做的都是平平无奇的事，吃的都是根本上不了台面的饭，就连我们之间的谈话都超级无聊，好像从未讨论过任何高大上的话题。总而言之，没有一样是我真心想要的恋爱关系，我甚至怀疑他连我姓什么都不知道。不过,他为人和善,长得也算帅气,我跟他交往可能是想通过他来填补自己曾经的情感缺失,当然,我是很多年后才明白其中的缘由。于是,我每次都义无反顾地去见他,千里迢迢驱车从我家赶去他的住处,一路上充满无限渴望,盼着下一次见面时他能更爱我一分。然而,并没有。

我对他算得上是一见钟情。当时是他的亲戚介绍我们认识的,后来那位亲戚还成了我的至交。见面的那天,天气晴朗,我们三人约在一家很不起眼的饭店,虽然用餐的木头桌子表面黏糊糊的,但阳光却毫不矜持地从我们后面的飘窗投射进来,那阵势,好像是要帮我们庆祝即将发生的好事。他温情而迷人的双眼当即俘获了我的心,在他健康肤色的映衬下,他的眼睛更加魅力四射。第一眼看上去,他的脸就像一张俊俏的黑白照片,我至今仍记得他脸上灿烂的笑容,比窗外照进来的阳光还要明媚。我对他充满了好奇,恨不得浑身的汗毛都竖了起来,当下我就认定他将成为我需要攻克的一道难题。

我们在一起的时间并不长,我知道他是个诗人,还是个饶舌歌手，并且对黑人女性十分尊重。他对我，也表现了极大的善意，要知道，在他以前，从来没有人把我称作"女王"，就算有过，他的出现也让我彻底忘记了过往。我还没等到他问我的名字就已经坠入了爱河，愚蠢地开始胡思乱想我们的未来。当时，我们都很年轻，再加上我一直都在寻求被爱，导致我始终无法看见自我关爱的力量。我一直在尝试，希望被看见、被需要、被爱，在我看来，他似乎是一个不错的人选，可以实现我的愿望。

里士满成了我心心念念的地方，我喜欢那里精致的大学城，喜欢在那些别具一格的古朴小店、琳琅满目的博物馆里探索，喜欢那里悠久的历史，喜欢弗吉尼亚联邦大学校园里弥漫着的时尚炫酷气息。他带我四处地转，带我去爬山，偶尔还会牵起我的手。他尽管话不多，但只要开口，我就会被打动。

有那么几个月，我们俩的关系一直处于一种暧昧的状态，并不明确，所以我不断地追问他"咱们算什么关系？"，我想他肯定倍感压力——我想让我们的关系更进一步，而他却好像只想维持现状。记得有一次他带我去爬山，我们一起爬到河边的岩石上，他的表现让我认定他是我认识的最有教养的绅士。有时候，人内心的渴望如果足够强烈，似乎就能兀自在头脑中编织出美好的童话。那一天，我们俩站在岩石上，身后水流奔涌，似乎在向我们倾诉无尽力量与柔情。就是在那一天，我们的感情发生了质的飞跃，他吻了我，那是他第一次吻我，虽然冥冥之中我们都知道我们的关系似乎已经走到了尽头。他紧紧抱着我，狠狠地吻我，好像只要这样，就算没有感情也能吻出真爱来。我们的身边河水奔涌，拍打着岩石，而后分成涓涓细流，继续向前奔涌。我们的吻略显尴尬和笨拙。我睁着眼睛，看着周遭的风景，或许还翻了个白眼儿，感觉自己并没有很享受，甚至希望一切尽早结束，包括一次次开车去里士满的疲惫、一次次单调乏味的对话和不清不楚的纠缠。他根本不是我的真爱，我也不是他的。虽然他魅力十足、绅士优雅，但很明显，他并不爱我。接吻时，思路清晰的我看到他闭着双眼，他温柔的气息轻拂着我的脸庞，他的双手温柔地摩挲着我的后背，但却好像在寻找丢失的东西。很明显，他也希望这一切尽早结束。

在那一刻我明白了,即使是这样柔情似水的眼睛和比阳光还明媚的笑容,即使是对我再好的人,也不一定适合我。我们双唇碰触的那一刻,根本毫无激情可言,看来我又走了过去的老路。意识到这一点突然让我有了一点豁然开朗的感觉,我的确又陷入了过去熟悉的模式,所以,我要停下脚步。这条老路我驾轻就熟:不管不顾地把自己交出去,完全不考虑自己内心的需求,只想走进别人的心里,迁就对方的生活,哪怕那个人跟我一点都不来电也没关系。不,我要的绝不止这些,即使我不知道该如何表达自己的想法,但我已经清楚地知道自己内心的需求。我要的不是一时的激情,我想安定下来,而他,根本还没想过跟谁走入婚姻的殿堂,当然,这不是他的错。这一次短暂的爱情终于让我明白,我必须认清自己,了解自己从他人的关系中究竟想得到什么。委曲求全不是我想要的,压抑自己的欲望、只想着为他人作嫁衣,这样的想法已经过时,根本无法让我获得内心的平静。

如果我们书写的是自己真正的人生,哪怕每次的进步只有一点点也可喜可贺。曾经的我，终日为了找到一个人来填补自己的缺失而奔忙，结果却渐渐丧失了聆听自我、信任自我的能力。里士满的爱情故事让我明白，如果找不到对的人，还不如一个人来得自在，我再也不想凑合，不想勉为其难，不想迁就别人对我的漫不经心和三心二意。

很多年过去了，我愈加清楚地认识到，无论身边有没有人，我都可以幸福独立地成长。我不需要别人的证明，自我认可就可以让我内心充满力量，不会有些许的孤寂和不安。当然，人还是要找个伴儿，但我们必须给自己留一个私密的独处空间，在那里，即使没有别人的陪伴和夸赞，我们也能进步和成长。自我认可让我学会以全新的视角看待自己，我的人生，我要自己做主，别人没有义务取悦我、配合我，这是我自己要做的功课。

我正在学习如何从世俗的生活中获得思考,
洗碗、取信,
就连切水果都能教会我许多道理。
我要好好享受这些时刻,
学会做一个专注的人。

关于
自我认可的
思考

VALIDATION MEDITATION

你的自信是来自他人的证明还是自我的认可?闭上眼睛,好好想一想,看你能不能找到一种证明自己及自身价值的新思路。

经验六

爱的力量

LOVE

我走出洛杉矶国际机场的大门,刚刚进入抵达区就闻到了弥漫着浓浓香甜气息的洛杉矶的空气。当地重重的湿气笼罩着我,挥之不去,好像给我的身体罩上了一层膜。站在路边等车的当口,我发现自己裙子的背带一直往下滑。他跟我说过,他的车是红色的雪佛兰开拓者,我一眼就看到了,就停在不远的地方,还打着双闪。他也看到了我,立即从车上下来,给了我一个大大的微笑。我记得当时自己的心咯噔了一下,好像马上就要从我喉咙里跳出来似的,既兴奋又紧张,浑身汗毛都竖起来了。他身材高大,面容俊秀,站在人群中非常显眼。看到他本人的那一刻，我的世界瞬间就静止了。

真没想到，我们俩终于走到了这一步。整整六个月的电话和视频，莱恩和我终于面对面见到了彼此，那是 2014 年 7 月底的一天，我记得再过一个星期左右就将迎来我的二十四岁生日。他的头发很长，总是一副笑容可掬的模样。他太完美了，我在心里默念。他的记性肯定特别好，因为他手里捧着的正是我最喜欢的太阳花，他吻了我，特别自然，仿佛我们已是老夫老妻，我心想，或许他就是我的真命天子。他深情的拥抱让我感觉自己终于找到了人生拼图上一直丢失的那一片。"嗨。"他盯着我的眼睛轻声说。"嗨。"我依偎在他身旁，抬头看着他回应道。他接过我的行李，帮我打开车门，我再次心跳不已，哦，他真是个绅士！那一天，一切都显得特别不真实，莱恩后来跟我说，他从见到我走出机场大门的那一刻起就知道，我最终一定会成为他的妻子。

我和莱恩最初是在推特上开始联系的，可以说，我们是在正确的时间认识了彼此。当时的我已经做出了许多改变，有了很大的成长，我不再刻意寻求一段关系的发生，但那个人若是出现了，我也会欣然接受。认识莱恩的一年前，我停止了与人无谓的约会、做爱，我不想再跟任何人凑合，总之，我不想再浪费宝贵的时间。我开始思考，自己除了母亲的角色和女人的定义，我究竟是谁。我对自己生活并不满意，我想过充实的人生，而唯一能改变这一切的人只有我自己。于是，我改变了生活重心，开始关注自己心底的快乐。就这样，我在一个正确的时间和空间认识了莱恩。

他开车载着我离开机场驶上了405国道。一路上，我们对彼此的仰慕可谓是油然而生，当即陷入了浓浓的爱意。终于见面了，还有了肌肤之亲，跟他在一起，我感觉特别放松，这才是对的感觉。我们的故事看上去虽然像童话般浪漫，但那绝不是童话故事，一切都真实可信，而且未经改编和剪辑。虽然我们彼此都有些许的紧张，但我仍然感觉和莱恩相识已久，这次只不过是分开多年后的重聚。我们先是一起去一家小餐馆吃了饭，我们俩都觉得不太好吃。那段时间我在吃素，都怪我选错了饭店。莱恩点了一份炸薯条，我吃了素食辣椒，两道菜都非常失败。

菜品虽然普通，但整个用餐期间，我们一直没有停止耳鬓厮磨。他反复发出"不敢想象你真的来了"的感慨，听得让我羞红了脸。午餐后，他送我去我朋友汤娅家把行李放下，这次我来洛杉矶并不只是为了见莱恩，也是为了给我的闺密汤娅庆祝生日。莱恩住的地方距离汤娅这里只有十五分钟的车程，或许这就是天意。我想我还是先在汤娅这里住两晚，看看跟莱恩相处得怎么样，然后再决定跟他何去何从。汤娅为我感到高兴，她很看好我和莱恩的感情，觉得我们两个一定会有未来。

我在莱恩之前爱过太多错的人，那些其实根本算不上"爱"。我跟一个不太认识的人生了孩子，此后便一个人艰难地抚养她长大。有很长一段时间，我之所以恋爱就是因为我不够自信，总想在别人那里找到归属感，从别人的内心找到对我的呵护，但往往都是事与愿违。汤娅亲眼见证了我很多失败的情感，所以这次有她在我身边默默守护，我感到了些许的安心。我记得见到莱恩后，她一边领我沿着铺了红毯的台阶往家门口走，一边对我说："亲爱的，或许就是他了！我有种预感，一种非常强烈的预感。"我当时没太把她的话当回事，心想先相处着看再说吧，这次，我不想给自己任何压力，也不想有过高的期望。话虽如此，我心里的欢喜，只有我自己清楚。

我跟莱恩的关系既新鲜又刺激，我从来没遇到过像他这样的男人，冷静、幽默、松弛，一点烦人的地方都没有。我喜欢他，他对我的好就是因为他心底无私，并不是要图我什么。不过，对于这段关系，我还是想顺其自然，毕竟我们隔着3500英里的距离，谁知道未来会怎样，我不想抱太高的期望，只想享受当下，这是我对自己的要求。我本能地想要给他打分，看他是否符合我的标准，他有没有这个、那个、还有那个？我是否愿意跟他步入婚姻的殿堂？他会是一个好爸爸吗？对我来说，我很难不考虑这些问题，但我知道，这一次，我必须顺其自然，想得越多越会适得其反。

莱恩虽然已经在洛杉矶生活了三年，但我来之前他并没逛过什么地方。于是，我们俩一起开启了南加州的探索之旅，这是一次非常难得的体验。我到这儿的第一晚,他就带我去了格里菲斯天文台,我们一起在上面俯瞰了灯光闪烁的城市夜景。夕阳西下,天空呈现出奔放的红和静谧的紫,我记得,他当时有点拘谨,我牵他手时发现他的手心里都是汗。我想到跟他更进一步发展,但又不想操之过急,我必须学会从容。我们是异地恋,每做一个决定都需要冷静,需要考虑现实情况。我之前跟男人的关系都不长久,他们中没有一个能算得上是我的朋友。我和莱恩对彼此的关心和情意让我想要更多地了解他,我们是真正地关心对方,我不想破坏我们之间的这份美好。

接下来的几天,我们游历了整座城市,一起看了电影,逛了费法斯的跳蚤市场,就是在那儿,汤娅还帮我们拍了我和莱恩的第一张合照。可以说,我的这次加州之旅详细记录了我们爱的萌芽。我内心开始琢磨,或许汤娅是对的,或许莱恩真是我的真命天子。我并没有按照预先计划的时间离开,不想违背内心真实的想法。我知道早晚要回归自己日常的生活,毕竟我有我的工作和使命,但不可否认的是我已坠入爱河,这是一份脚踏实地的爱,跟我之前梦幻的想法截然不同。以前，我总爱畅想完美的幸福，完全不切合实际，希望拥有迪士尼童话电影描绘的王子救公主的浪漫。但这一次，我感觉自己期待的不再是被爱拯救，我只想和莱恩好好地在一起。当然，我也不想改变莱恩，我要放松心态，顺其自然。我们的感情虽然不完美，但却真挚而生动，我们都可以以最真实的样子面对对方，不会报以过多的期待，也不会有过多的担忧。这一次，我能从心底感觉到他对我的爱。

旅行终于还是要结束了，我准备先回到马里兰，之后再去想我们俩该怎么办。这段时间，我们相处得非常愉快，我想事情应该会往更好的方向发展，但又觉得不能勉强，要顺其自然。没想到，莱恩竟然已经有了打算，就在我的航班起飞前的几个小时，他竟然用一种最不浪漫的方式跟我说他希望我做他的女朋友。

他深情地注视着我，认真地对我说："就你了，别人我都不要，你说怎么样？"我先是笑出了声，不过马上对他的深情做了回应，"嗯，我也不想要别人了，你意下如何？"老实讲，他的做法完全出乎我的意料。我们最初认识时，他曾特别明确地表示他还没想过安定下来。谁都没想到他竟然改了主意，不过我很开心。虽然我们都没什么经验，但我俩愿意试试异地恋。对我来说，我还不习惯如此明确的恋爱关系，总感觉哪里怪怪的：莱恩在遇到我以前是个十足的单身汉，从来没有过安定下来的想法，而我，在寻找好男人的路上一直是跌跌撞撞，从来没有成功过。没想到，遇到彼此后，我们冥冥中就认定了对方，都愿意尝试看看能不能走得更远。

我想是这一个星期的欢笑和快乐让我们对彼此有了信心，我们都不想取悦对方，所以能轻松地对待这段感情。相处时，我们都坚持做真实的自己，有时甚至坚持得有点过了头。比如一天早上，我们俩还躺在床上，突然我很想放屁，我实在懒得爬起身去厕所解决放屁的需求，再加上我以为自己可以神不知鬼不觉地完成放屁任务，应该也不至于造成什么致命的伤害。可是，万万没想到，我放了一个惊天地、泣鬼神的响屁。"哇！"莱恩睁大眼睛看着我，我还没等他继续说什么，便自我解嘲道："没事的，不过是些隔夜的气体而已。"我俩都笑得流出了眼泪，我没有感到尴尬，他也没有觉得我恶心。后来我们俩再说起这事时,他开玩笑说:"我很高兴你没憋着自己,我可不想你因为装可爱而把自己身体搞坏掉。"如果不是莱恩,如果是别人,我肯定会惊呼着逃离现场,羞愧致死,但因为是莱恩,这事变得没有什么大不了,想想反而很搞笑,直到今天我们俩还对此津津乐道。他常说:"就在那一刻,我非常非常确定,毫无疑问,你就是我共度余生的爱人。"

莱恩是第一个我觉得可以在其面前卸下所有滤镜的男人,我就是我,早晨起来可以蓬头垢面,可以不刮腿毛、不修理眉毛,他也丝毫不会介意。他让我感觉他眼里有我,懂得欣赏我的好。他愿意倾听,就算对我讲的事情不感兴趣,他也能认真对待,对此,我特别感动。他是第一个让我明白什么是理想伴侣的男人,所谓理想伴侣,就是我可以在他面前做真实的自己,他也可以毫无顾虑地接受我的好和我的坏。

那次去了洛杉矶之后,我每隔六个星期左右都会再去一趟见莱恩,每次我都会抛下马里兰的一切,搭乘五个小时的飞机赶过去。莱恩与他的姐姐、姐夫住在一起，后来慢慢地，我感觉自己也成了他们家的一分子，可以自在地跟他们一起围着餐桌吃意大利面，还有波尔图烘焙店出品的好吃到爆的红薯球。因为是异地恋，我们的每次相聚都变得格外珍贵，我们甜蜜地享受在一起的每分每秒，计划着去做各种各样的事，漫步海边、品尝刨冰和华夫饼、参观令人眼界大开的博物馆，我们甚至还一起去做过瑜伽。我跟莱恩最美好的记忆总是离不开美食和寻找美食的旅程。每次我来看他，我们都会找到新的乐子。

虽然我们的感情进展顺利，但两个人分开的日子却也十分煎熬，非常考验对彼此的耐心和包容。异地恋的确需要双方付出更多的精力，但回头想想，这对我们来说也是好事，让我们学会了如何更好地开展交流，如何保持对彼此情感的牵绊。两人分开时，即使远隔3500英里的距离，还外加三个半小时的时差，我们也会给对方留出沟通的时间。哪怕有时条件真的不允许，我们的感情也不会受到影响，因为我们已经建立了对彼此强烈的信任。偶尔有那么几次，我也会觉得异地恋太难了，尤其当我们两个意见不合的时候，我也想过放弃，每次都是他把我挽留了下来。他了解我内心的恐惧和情绪的波动，不但没有对我失去耐心，反倒给了我加倍的呵护。是莱恩教会我放轻松，教会我该放手的时候就放手。我们两个到底能不能走下去，我总是在纠结这件事，所以导致我感到非常不安。饶舌歌手尼普西·哈塞尔（Nipsey Hussle）曾经对他的妻子说过，爱人之间并不是拥有和被拥有的关系，而是携手共度人生的关系。某种意义上来讲，正是这种恋爱观让我们经过多年的反复和失败最终学会了成长。

我从和莱恩的异地恋中也学会了很多，其中最宝贵的经验就是我要学会信任不在身边的人。以前，我的心态很不成熟，总以为只有两个人天天腻在一起，爱情才会天长地久，但事情并非如此。信任就是信任，与距离的远近无关。我要学会顺其自然，不要让过往失败的恋爱影响我这段新恋情。对我来说，最难的就是学会放手，我要相信爱的力量，不要害怕受伤。老实讲，虽然我的性格已经有了很大改善，但信任他人对我来说还是一道难题，特别是对男人的信任。跟莱恩在一起，我必须学会相信，既要相信他会珍视我的爱,也要相信自己有能力让他一直爱我。

就这样过了一年,经过无数次的商量,莱恩最终决定辞职,搬来马里兰照顾我和我的女儿。可以说,异地恋让我们双方都有了宝贵的成长,现在的我们已经为共同打造未来的生活做好了准备。他到马里兰来只是我们爱情故事的开始,我们将共同谱写家庭生活的新篇章。

对我来说,能否向莱恩敞开心扉、能否与他共同守护爱情是一次难得的考验,可以检测出我有没有学会自我关爱。过去很多年,我一直觉得这世上不会有人真正爱我,我很可能要孤独终老。我之所以会这么想,其根本原因就在于我自己都做不到全盘接受自己、爱自己。曾经有人非常直白地告诉过我,单身男性最不想找的伴侣就是单亲妈妈,谁愿意替别的男人养孩子呢。我觉得他们的话很有道理,因此内心无比受挫。整整一年,我拒绝约会、拒绝凑合,也拒绝与人发生关系,我就是想看看没有伴侣的人生究竟会怎样。后来我发现,其实自己一个人也没什么大不了,我反而学会了如何爱自己,学会了毫无保留地呵护自己,当然，这个过程并不容易。我想，或许正是因为我对自己更上心了，才让我有机会遇到并爱上一个正确的人，才让我有能力让一段关系更加长久。

爱情需要示弱。对我来说，爱情依旧是一个敞开心扉的过程，它会常常改变我看待世界、看待自我的方式。我允许自己变通、柔软，允许自己随遇而安，这样做的好处是我发现自己真的可以做出改变，可以用我从来没想过的方式为自己找寻快乐。遇到莱恩后我终于知道，爱情并没有抛弃我，它并不只是少数幸运儿才能拥有的稀罕物。我相信自己也值得被爱，这让我开启了新的人生，即便在爱情、婚姻遇到困难时，我也不曾怀疑选择莱恩是一个正确的决定。我们在一起已经整整六年了，积累了很多生活的智慧，学会了如何既作为独立个体又能够在同一屋檐下生活。我特别欣慰自己可以拥有足够的自信和果断，可以放弃跟什么人凑合的想法，因为只有这样，我才能创造自己真正想要的爱情和生活。我学会了放手，学会了相信，学会了如何去爱，我为自己感到骄傲。

你值得被爱。

你要敞开心扉,接受爱的洗礼。

不要让过往的伤痛和怀疑

禁锢你

追求幸福的脚步。

我有能力开拓出一条新的道路。
我要做出改变。
即使前途未卜,
我也可以做到卓尔不群。

关于
爱的力量的
思考

LOVE MEDITATION

如果我们可以把爱情描述成一种味道,
你的爱情会是什么味道?在追寻爱情的
路上,你希望爱情教会你什么道理?

经验七

自我蜕变

有一段时间我特别想要二胎,盼着能在正确的时间而且身心都准备好的情况下实现愿望。我第一次做母亲是在懵懂的十八岁,可以说跟他不太熟悉,当时我跟他在一起只是为了从虚妄的人身上获得认可和关爱。对我来说,把女儿养大成人意义重大而深远,我必须做好,为了她,更是为了我自己。我们每个人都渴望陪伴、安稳和快乐,生活不应唯独对我们不公。女儿的生命中应该有一个父亲形象的男性,我们应该搬离母亲和继父的家独立生活,她也应该拥有属于她自己的房间。我记得自己一直在努力,努力变得更强大，我不想枉过一生，我想让人对我刮目相看。

女儿五岁以前，我一直努力为她营造一个温暖的家，尽我所能地整理好我自己，希望能成为她心目中最棒的母亲。也正是那几年，我意识到了心灵抚慰工作的重要意义。她刚出生时，我未曾想过这也将是我自己重新来过的机会，没想过我还能成为全新的自己。那段时间，我奉献、痛苦、改变、成长，失去了很多，包括朋友、人生的信念以及尽享人生的能力。没想到，经历了一次次的磕磕绊绊和不计其数的挫败后，我反倒学会了该如何在人生低谷时寻找到快乐。通往蜕变的道路曲折而漫长，有时还荆棘密布，但走完后我发现一切都值得。

如果我没有在十八岁成为单亲妈妈，那我不可能成为今天的自己。不过，话说回来，成长的整个过程十分艰辛，充满了创伤、懊悔和挫败，当时的我除了逃避根本无法应付。如今，我终于可以正视当时的自己，那是我的人生故事不可缺少的部分。直面自己的疗愈过程虽然艰难，却能让我成长，我甚是感激。的确，过去的点点滴滴仍然让我心痛，但如果没有那些经历，我就不可能找到生命的曙光。刚做母亲时，我好几次感觉自己这辈子完了，肯定不会有好日子过了。我内心常常充满了负罪感，担心自己在完全不具备条件的情况下就把一个新生命带到人世是一个错误的决定，担心自己会亲手断送自己和孩子的未来，担心自己永远走不出情感缺失和渴望补偿的怪圈。

没有人教过我如何爱与被爱，更没有人手把手教我如何做个母亲。不过，我心意已决，我要自己填补上这块空白。想到自己的实际情况——一个年纪轻轻就未婚生子的黑人女性——我必须要加倍努力。但具体该怎么做呢？我意识到自己的无知，于是开始认真地学习，我要改变以前的做事方法，我要成为更好的自己。既然渴望得到更多，我就必须变得更加强大充实，哪怕整个过程让我感到陌生和畏惧，我也在所不惜。这么多年，人们看我的眼神总是带着可怜的成分，这让我感到十分羞耻，然而之前的我却任由自己被这种羞耻感吞噬、禁锢。我知道自己唯一的出路就是停止扮演受害者的角色，我要让自己强大起来。面对外面的世界，我必须停止抱怨，不能再把我的迷失、孤僻和不幸统统归咎于外在的因素。自我改造的很大一部分工作就是要学会对自己的人生选择负责,我充分认识到我有能力决定自己的人生,也有毅力成为更好的自己和更好的母亲。只要我想,我就可以改写自己的人生故事,彻底改变我的叙述方式。

要想实现自我成长,当务之急就是建立归属感。我太多次听到别人说我这辈子将一事无成,说我将亲手毁了自己和女儿的人生,还说根本不可能有人愿意跟我组建家庭,毕竟,"谁愿意娶一个单身母亲呢"?这些谎言轻而易举地蒙蔽了我的双眼,让我看不清现实。

我要成为自己想成为的人,不再被外界负面的声音困扰,我要发挥我的能力,即使没有情感支持,我也能变得更强大。既然没有别人的情感支持,我就自己支持自己。我一直以来都把自己的快乐寄托于外界的力量上,却完全忽略了自身的力量。我知道这一切不容易,本来我就感到迷惘孤独,却还要独立面对,但无论如何,我一定要靠自己的力量找到实现自我的方法。

我为今天的自己感到骄傲,这一路走来,我做出了正确的选择,成为自己向往的人。蜕变之路充满了痛苦,我一路都走得小心翼翼,但我终于学会相信自己,学会忘记他人的否定,于是我成就了更好的自己。当然,这一切并不容易,我有时怀疑自己根本无法做到。我怎么可能改写人生?有时候,寂寞将我完全吞噬,我感觉自己独自站在水中,因为迷失了方向而大声呼喊救命。独立虽然一直考验着我,但也让我体味到一丝自由的味道。实现自我成长需要付出全部的心力,只有良好的愿望远远不够。我知道,事情都是说起来容易、做起来难,不过,我心意已决,为了谱写人生新的篇章,我一定要做更好的自己。我最大的动力来自于我的女儿,我要给她一个温暖的家,给她关注、呵护,给她我不曾拥有的人生。做更好的自己,做不一样的自己,这是我人生的方向,它像北极星一样指引着我,教会我释怀和成长。

此外,我还一直梦想着能找个人共度余生。现在我懂了,要想找到合适的伴侣,首先得学会坚定地爱自己,我已经在朝着这个方向不断前进。既然水中没有别人只有我自己,我就要挖掘自身的潜力,哪怕没有爱人的呵护，我也能自己强大起来。我真的变了，我每天给自己写爱的寄语，给未来的丈夫写情诗，我坚定地把自己的爱意表达出来，不仅用言语，还用行动。

最后，我发现很多东西都变了——我的态度、人生观、理想和朋友圈子。我花了整整一年的时间自我反思，在瑜伽、素食、冥想、禁欲和健康的生活方式中找到了内心的安宁。很多以前从没想过会喜欢的东西，竟然给我带来了无限的满足，不仅如此，它们还激励我在自我探索的路上走得更远。所以，我果断放弃了以前自己赖以寻求安慰的错误寄托。

这反省的一年是孤独的一年，但要想实现蜕变就得摒弃原来的自己。我的重启之路已经开始，生活中又出现了阳光，这种感觉太好了。我的新习惯和新做法让我找到了战胜自我的自豪感，改变自我是我的一个重大决定，虽然令人生畏，但也会给人带来幸福。我越来越清楚地看到了自己的价值，并因此改变了人生，成为一个更有耐心的母亲、一个更随和的人。我已经为爱与被爱做好了充足的准备。就这样，在我下定决心做出改变的十四个月后，我在距我3500英里以外的地方结识了我现在的丈夫。

转变,无论大小,都很难一帆风顺,需要你放下曾经的自己;转变,是一项艰巨的任务,需要你走出舒适圈。不过,正是因为转变,我才学会相信自己,才勇敢地迈出了第一步。我开始学会感激那些成长中的烦恼和痛苦,而平静的人生又教会了我持之以恒。即使没有别人的帮忙和指引,我也要对自己人生的长河充满信心。蜕变成真我的过程的确充满了艰难困苦,但它也让我发现了人生美好的真谛,让我学会了爱与被爱,教会了我相信自己的力量。我不再妄加判断,不再妄自菲薄,我不再恐惧未来。

我可以变得更加坚强。
有些人或许并不看好我，
但我一定会实现完美蜕变，
他们的质疑无法阻止我前进的脚步。

关于
自我蜕变的
思考

BECOMING MEDITATION

回想一下,你第一次意识到自己实现蜕变是什么时候?你当时感觉如何?它对你的人生产生了怎样的影响?

经验八

何以为家

FAMILY

我对自己的出身始终没有明确的认识。作为家里唯一的孩子,我从小到大总有一种漂泊不定、颠沛流离、居无定所的感觉。从我记事以来,我一直努力想要融入外面的世界,但每次都遭到无情的拒绝。我从没觉得自己是家里的一员,相反,却感觉自己是个鸠占鹊巢的过客。

过去几年我一直在探索家的真谛,想看看它对我的人生究竟产生了什么样影响。有很多次,我只要一想到自己的原生家庭,就会痛苦万分,越长大越是如此。即使我已经学会对自己的社会关系做出正确判断,但还是经常产生一种强烈的失落感。我家里的状态很难用语言形容，但有一点十分明显，那就是我们的家庭成员之间都非常冷漠，家人的关爱对我来说似乎是遥不可及的星辰。我知道，这世上没有完美的家庭，但我想要的只是一点点关怀、友爱，我只是希望家人不要出尔反尔。我在家里从来没有感受过真正的安全感。

我第一次感受到家人无条件的爱是从我的婆婆伊利安娜那里。她经常打电话给我，询问我的近况，不管有什么大事小情，她总是会祝我好运。她的每一次拥抱都能让我切实感受到被爱，而她面对逆境的坚强更是让我大开眼界。她的出现让我有了一种全新的感悟，她让我感觉到自己是家里重要的一分子，而这种感受我在原生家庭从来没有过。她曾告诉我要原谅我自己的母亲，说不管怎么样，我的母亲已经用尽了全力。

跟莱恩结婚之前的一个感恩节，他带我去他的老家堪萨斯城见他的家人，当时的我简直紧张到想吐。每次人一多，我就无所适从，面对这一大家子人，我根本不知该如何自处。他们热情地向我展示照片，开怀大笑,热情拥抱,直白地表达对我的喜欢,这一切都让我受宠若惊。毕竟我是一个外人,这是我第一次来到他们中间。还没等到吃晚饭,我已经感到无比焦虑。等到我们步入宴会厅面对所有亲戚那一刻,我唯一的想法就是逃。我耳朵嗡嗡作响,手心一直在冒汗,就感觉自己来错了地方,我根本不属于这里。其实,我哪里也不属于,我自己的家不是这样,所有这些感觉一股脑地涌了出来,令我无法自处。我是不是穿得太隆重了?我的头发没乱吧?他们会喜欢我、接受我吗?过度的担忧让我感觉自己的身体被掏空,我似乎成了一具没有感觉的躯壳。自我怀疑就像一只怪兽,它从床底钻了出来,顺着我的脊柱爬到我的背上。你看,你眼前这些人,他们彼此相爱,你跟他们根本不是一路人;他们都太幸福了,你根本不配像他们那样快乐地活着。你就是垃圾,莱恩应该找一个更好的爱人,他为什么要带你回家?

当晚,我一次又一次站起身去洗手间,目的就是短暂逃离热闹的晚宴,每次我都会请莱恩的嫂子陪我一起。我不知所措,无法打破固有想法的圈禁,我甚至不敢走出自我，不敢放松、感受当下，我无法停止胡思乱想，无法停止内心消极的自我对话。在座的一大家子人——阿姨、叔叔、各路亲戚还有小宝宝——有说不完的话、拍不完的照片，每个人都在开心地享用美食，纵情地放声欢笑，只有我，感觉无依无靠。我的内心被恐惧占据，整个人超出了原本的负荷，我只能选择自我封闭，这是我最在行的办法。

当晚，莱恩的妈妈家陆续有亲戚过来串门，莱恩特别希望我能出来跟他们每个人打声招呼，但是我真的做不到。问候、拥抱、认识新人，这一切都超出了我的能力。我知道自己很失礼、很自私，但我真的走不出自己的世界，我做不到。我一直在脑海里琢磨：别人是怎么做到的？在这样一个完全陌生的环境，我根本无法表现真实的自我。

最终，我内心积聚的紧张情绪让我与莱恩陷入了激烈的争吵，我们声音很大，好在他的家人都在别的房间。我在气头上大喊道："我不想做！我根本不想跟你结婚。"房间瞬间安静了下来，我看到他眼里泛起泪花。我又开始说狠话了，这是我打小从妈妈那儿学来的坏习惯，每次我不敢正视自己的恐惧，每次我要选择逃避时，我就开始放狠话，这已经成了我自我保护的手段。内心深处，我甚至希望他能对我说："那好，我也不想结婚。"我宁可自己被拒绝，因为这样一来，我就不需要解决问题了，也不用再承认自己的脆弱和缺陷。我根本不配拥有他这样的家人，我知道自己这么做就是在逃避，逃避这里，逃避这段感情。我又走上了老路，对于不熟悉的一切，我只会逃避，只会怯懦地躲进自己所谓的舒适圈。而事实上，我内心无比渴望与莱恩组建家庭，我想嫁给他，想跟他生几个小孩，想与他白头到老，但我不知道该怎么做，若想爱情长久，我要学习的东西还有很多。我以往的爱情从未长久过——从没有过什么无条件的爱，所以，当我面对莱恩的世界，我感觉自己是个外人，根本不配被接纳，更不配得到真爱。

晚宴过后开车回家的路上，我感觉自己的身体已被掏空，我们彼此一句话也没说，车内安静到我甚至能听见自己心脏剧烈的跳动。我只想一个人待着，我需要重新充电。莱恩虽然没有说话，但我能感觉到他想弄明白我究竟怎么了,他向我投来不解的眼神,一边敲打方向盘,一边喘着粗气,他虽然有话想说,但却欲言又止。而我,选择了沉默不语,非常刻意的那种。我知道自己的行为伤害了他,他肯定无法理解为什么我不喜欢他的家人。那时候,我们还没学会如何良性地互动,所以碰到这种针尖对麦芒的时候,我根本不知道该如何解决。我神经紧张,知道自己应该跟他好好谈谈,但当下的我却只想逃避。我虽然有很多话想跟他说,但似乎还是闭嘴来得更容易,至少可以避免把事情弄得更糟。

我当晚的所作所为自然逃不过莱恩家人的眼睛,我怎么会做出如此令人失望的举动。我的内心无比尴尬,非常懊悔。但即便如此,伊利安娜还是没有吝惜她对我的爱。后来,我对她说,对不起我把事情搞砸了,她却安慰我说是我想多了。她没有对我妄加评判,只是不断地宽慰我,她希望我能明白,即使我做得不够好,我依然是她的家人,她也依然爱我。后来,我鼓起勇气跟她讨论我的社交恐惧,她认认真真地听完了我的话,给予了我无尽的理解和支持。就在那一刻,我终于明白，如果我不敞开心扉，说出自己的想法，就不能指望别人真正地理解我。最初让我感到温暖的人并不多，伊利安娜算是其中的一位。

那个感恩节，莱恩一家人给了我太多真诚的赞美，这在我以往的生活中从来没有过，所以我不知道该如何接受别人对我美丽的夸奖，相反，我感到无比恐惧，令我不知所措。从小到大，我从来没得到过别人的认可和支持，所以早已习惯了自我封闭，因为只有这样，才能保护自己不受伤害。虽然我当晚的表现破坏了现场和谐的氛围，但伊利安娜却一如既往地用她的关心和善良鼓励我，她让我开始正视自己的脆弱。从那以后，我开始尝试尽可能多地在与爱人和其他人的关系中表达自己的想法。

让我久久难忘的除了伊利安娜的温柔，还有她那极富感染力的温暖笑声、她与莱恩之间的母子互动、她给予我和莱恩作为恋人和独立个体的鼓励，以及她面对绝境时表现出来的信心和勇气。后来她撒手人寰，我痛苦万分，我无法想象除了她，还有谁能如此对待我和莱恩。她的爱独一无二，难能可贵，是她教会我一个幸福的家庭需要有坚定的爱、真挚的沟通和主动的付出。她的心态影响了很多人,她的孩子、亲人、朋友身上都留有她的痕迹,正是她让我坚定了重新给"家"定义的想法。

伊利安娜离去后,莱恩提醒我,我们可以重新定义家庭和归属。他常跟我说:"我不仅是你的丈夫,还是你的家人,你的好朋友也不仅仅是朋友,他们也是家人。"他第一次说这话时我就十分认同,之后每次回想起他的话,我都会热泪盈眶。我生命中的很多东西都无法言说,已经随风而逝,但现在的我明白,我们完全可以重新构建家庭和家的意义,这让我在面对悲伤时,拥有了一份从容和自洽,我坚信,即使我的原生家庭很不幸,也绝不意味着我就是生活的弱者。

这一路走来,我有太多的收获,那个感恩节成了我人生的转折点。生活还得继续,我开始学习用共情的方式回顾曾经的过往和生命中出现的人。我一定要找寻到真实的自己,在承认自己缺点的同时,我也要正确看待自己,我不再妄自菲薄。很多时候,逃避过去的伤痛貌似是更加安全自在的做法,但是,如果不揭开伤疤，我们就不可能认识真实的自我，也不可能寻找到属于自己的世界。从我记事以来，家庭就一直是我的软肋，正是因为我原生家庭的状态，我才对很多事情都选择了逃避的态度。不过，我也从中得到了最宝贵的经验，那就是，人一定要正视自己的恐惧，只有这样，才能坦诚地自我疗愈。随着我慢慢学会接受自己、打开自己，我也开始真正地意识到，生命中的很多事情，无论我多么努力都无法改变，但没关系，我们可以重新打造让自己感到幸福的家，从新的家里获得满足和快乐。我从来没想过自己能拥有幸福的家，但是我做到了。

再艰难的选择，我也要面对，
逃避解决不了问题。
选择可以给我勇气，
让我变成更好的自己。

希望你也能变得勇敢,
即使他人放弃你,
你自己也不要放弃自己。
自愈是一个缓慢而脆弱的过程,
我们要做好心理准备。

关于
何以为家的
思考

FAMILY MEDITATION

每次听到"家"这个词,你首先会想到什么?在你的日记中列出一个清单,把家庭关系带给你的快乐和痛苦一一记录下来。或许你已经用你自己的方式营造出了自己心目中的家,它是什么样子?

经验九

调整呼吸

LEARNING TO BREATHE

我非常喜欢美国东部的紫荆树,每次看到它墨绿的枝条上挂满紫色的花朵,我就知道春天来了。在我看来,紫荆花特别像是用花瓣打造的冰糖,一朵一朵,从天际滚落,又像是严阵以待的风铃,耐心等待能有一阵风吹过。紫荆花的花期很短,却总能给我带来巨大的快乐。记得春日里的一天早晨,我开车送大女儿去学校,沿路看到初放的紫荆花,我兴奋地指给她看。她微笑着指着紫荆旁边盛开的水仙,对我说:"你看,它们多像一只只吞掉了太阳的小狮子。"春天啊,万物复苏,美丽又重新回归了大地。

最近,一个春日的早晨,我破天荒地一个人出去转了转,我想要感受一下大自然春天的脚步。之前的几个月好像一直在下雨,我窝在家里太久了,必须得出门换换心情。记得那天是星期六,早上刚过七点,家里人都还没有醒,我把咖啡倒进旅行杯,穿好衣服,下楼出了门。整座公寓楼似乎仍在沉睡,外面空气清冷,太阳躲在云朵里若隐若现,我露在外面的手臂感受到一丝寒意。应该穿件毛衣的,我心想。脚下的大地弥漫着泥土和香草的味道,这样的清晨很适合出来活动活动。整个小区都没什么动静,安静得甚至有些诡异,我真担心自己喝咖啡的声音会把整个世界从睡梦中唤醒。

好几个月都没有这么舒服的天气了,我深深地吸了一口甜美的空气,切切实实地体会到自己生命的气息。专注地呼吸,真切地感受,这对我来说并不容易,我常常忘记停下赶路的脚步,忘记去感受当下。自从有了二胎,我特别希望自己能变得更加平和从容,我不想再一味追求那些所谓值得捕捉或记忆的瞬间。这次散步让我再次看见生命的闲适以及各种小确幸,此刻的我，不再拧巴较劲，我变得平和了。整个世界太安静了，身边一点点的声音都像是做过了高清处理一般，蚱蜢、小鸟、婆娑的枝叶、摇曳的花园木篱——原来，世间万物都有自己独特的旋律。

我一边走，一边关注自己的呼吸，从鼻子吸入，1、2、3、4、5、6、7、8、9、10，再从鼻子呼出，10、9、8、7、6、5、4、3、2、1。我感受自己腹部随着呼吸上下起伏，体会气流在我身体里的流动，还有我身后呼呼作响的风声。我整个人开始放松轻快了起来。几个月了，这是我第一次感觉自己真实地"感受当下"，仿佛之前的几个月我都在屏气，直到今天才开始真正的呼吸。这次漫步成了我一次移动的冥想，每走一步，我都心怀欣赏和感恩。在小区里游荡的我特别感慨自己还活着，还可以四处走动，我感受着气息在我体内循环往复，或许这才是我最需要的告诫：给自己留点时间，放慢呼吸，仔细体会。

我一直不知道如何照顾自己，即使到了现在我也常常忽略自己的感受。我认识的很多女性，尤其在为人母之后，每天都花大把时间来照顾他人，却很少关心她们自己。她们的脸上总是写满了对别人的焦虑和担心，但却从来不想想她们自己，她们也需要松口气，也需要拥有片刻的宁静。我不希望自己跟她们一样，我不想自己每次只要有点放松的时间就会心怀愧疚，我不想生活变得如此沉重。我还在学习如何合理协调时间、解决自己的诉求。当今的社会一直在传递一种信息，那就是女性必须不屈不挠，只要你还没有倒下，就要咬牙坚持，即使倒下了，也要想办法重新站起来。在这样一个宁静的清晨，我终于听到了自己的呼吸，这让我学会松弛下来，我要给自己留点时间，这是我应得的，我不需要感到丝毫愧疚和不安。

静默有时的确会令人心生恐惧，所以我们要全身心投入，这对我来说并非易事，但也非常难得。"保持静止"在我的自我疗愈过程中一直是一项艰难的任务，因为一旦静下来，我就难免要去思考。我害怕与自己相处，害怕打开潘多拉盒子，害怕把藏起来的过往通通释放出来，包括我那些耿耿于怀的伤痛和无法改变的遗憾。但我必须这么做，我不能再用忙碌作借口逃避难过的情绪，我不能在精神世界里不停地赶路，我要慢下来，停下来，欣赏周遭的一切。这一切，你都值得拥有，我对自己说。这样一来，等我再次上路，我就会变得更加从容，面对生活的各种馈赠，美好的抑或是痛苦的，我都可以安之若素。每次，当我发现自己出现了匆匆赶路的苗头，我就会告诉自己停下来：保持不动，调整呼吸。

调整呼吸，感受当下，
这样我才能更加了解自己。
我需要给自己留些时间，
需要独处来养精蓄锐。

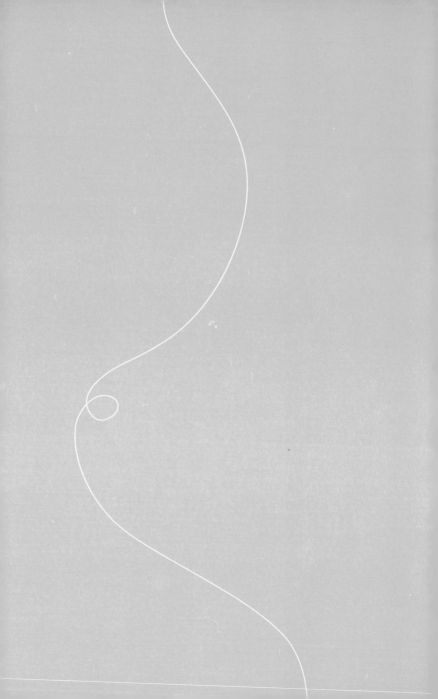

关于
调整呼吸的
思考

LEARNING TO BREATHE MEDITATION

你上一次认真感受自己的呼吸是什么时候？此时此刻，请你停下手里的事，做五次深呼吸，用鼻子吸气，用鼻子呼气，感受自己腹部上下的起伏。你要感谢你的人生，哪怕你活得并不好，能走这么远，你也很了不起，你要为自己感到骄傲。

经验十

重归于好

我是婚后不到一年的时候得知了这个消息,当时的我,简直是五雷轰顶。难道我根本不了解自己的丈夫吗?我们这么多年来培养出的情谊、爱情,难道都是假的吗?字条上明晃晃地写着一行字,"我爱上了你的丈夫,不想再终日为他以泪洗面。"

我的世界崩塌了,新婚燕尔的幸福被这条消息瞬间摧毁。即便他的出轨是发生在我们结婚以前,对我的伤害也丝毫没有减少。与其说我是在气愤自己遭到了背叛,不如说我是觉得恶心,就好像吃了什么坏的东西,感觉恶心想吐。我想转身离开,想放声哭喊,但泪水噙在眼中,就是流不下来。我喘不过气来,内心充满了疑惑和不解,坐在床边的我,一门心思只想打电话回家跟他问个究竟。

到底是怎么回事?我心想。眼前的字条让我彻底蒙了,完全失去了理智。我也想过冷静处理,劝告自己不要意气用事,毕竟生气时无论谈什么,都很难谈出什么好结果。我想象着自己愤怒地打包好他的行李,把它们丢在门外,然后再从里面把门锁好,在门外留张纸条,在上面写上"很高兴认识你,再见",然后从此跟他一刀两断,就好像我们从来就不曾相识过一样,就好像我从来没见过那张令我心碎的字条一样。但怎么可能呢?这件事真实地发生了,我无法逃避,无处躲藏,我必须面对现实。于是我拨通莱恩的电话,当时的他正在上班。

"莎瓦娜是谁?"我问他。

电话那头一阵沉默,鸦雀无声。

"我收到一张字条,是莎瓦娜写给我的,她是谁?"

"我……我回家跟你说。"他紧张地回答我。

"莱恩,她××到底是谁?"

"我现在就回家,你等着我。"他的语气无比慌张。

我不记得后来我们还说了什么,有那么一瞬间,我彻底失去了理智,耳边只听到"嗡嗡"声。我两耳灼热,视线模糊,挂断电话,我打包了一箱自己的行李,然后把我八岁的女儿从她的房间里拽了出来,毅然决然地带她离开了那个家。我知道,从今以后一切都不一样了,这件事让我心如刀绞,我们不可能再像以前一样相爱了。

接下来的几天是最艰难的,我们虽然都重新回了家,但最终莱恩还是离开了。我们也尝试了婚姻咨询,但收效甚微,我心想,不行就算了,我已经做好了心理准备。我的生活似乎一下子变成了战场,昔日的盟友竟然成了我的劲敌。我曾经那么努力地想要成为更好的自己,学会善待自己,不要用别人的错误惩罚自己,但这次的我,真的无法冷静下来。因为莱恩不是别人呀,他已经成为我生命不可缺少的一部分,我怎么能放弃他呢?这样的考验,我真的还没准备好。

那段时间,我极度痛苦,终日心乱如麻,一度把丈夫当成了最大的敌人。虽然我也想尽快走出痛苦,但似乎根本不可能。我背后的恶魔又翻出了我的过去，一而再、再而三地提醒我，这就是我的命。他告诉我不要再挣扎了，不要再为这样的婚姻浪费时间了。但我心里的天使却又还原了我内心真实的想法，那就是我还爱他。我们两个人都非常痛苦，这件事在我们的婚姻中留下了难以消除的劣迹，消磨了我们对彼此的信任。

我感觉自己的一生成了一个谎言，这件事让我痛彻心扉，我几乎已经认不得自己了。我一次一次绞尽脑汁地思考：对于这个我深爱的人，我为何不能给他足够的信任呢？每当我遇到什么没把握的事，想到的办法总是逃避，因为这样做最容易、最稳妥。相反，选择留下来与对方重修旧好，对我来说太难了，我做不到。我们对彼此的爱似乎已经不足以弥补我们之间的情感裂痕。如果我就这样原谅他，会不会太愚蠢了？于是，我在我们两人之间建起了一道墙，那是保护我内心不再受到伤害的屏障。但即便如此，我还是不安心，别人的日子都在继续，我不想只有我们生活在痛苦里。我自私地希望整个世界都能为我停下来，希望等我处理好我们之间的问题后一切再回复正常。我真希望人生有这样一个暂停键，可以让我重来一次，或者至少有什么办法能让我减轻痛苦。如果我在自己心里没有为破镜重圆做好准备，那什么也帮不了我。之前的我们多好呀，是多么幸福的一对夫妻啊！我不能再回顾过去，我要正视已经发生的一切，因为逃避毫无意义，不管我逃去哪里，痛苦总会如影随形。

终于，一切尘埃落定，到了我必须做决定的时候。我心想，或许所有那些白头偕老的故事都是假的，现实中根本就不存在，至少我们两个做不到。我们已经努力过，这就够了。我们的公寓就在郡法院的附近，好几次我都想不顾一切地鼓足勇气走进去提出离婚申请。我内心翻涌着莉莉·金（Lil' Kim）的《都是本杰明惹的祸》的歌词："穿着一袭黑衣，看着就不吉利。"我真希望自己能做到波澜不惊、毫不在意。

可是我在意，我在意这世间的一切，在意自己的每一次心跳。于是，我始终没有走进法院的大门，而是在大楼外面盛开着粉色花朵的大树下坐了下来。我心里默数着斑马线有几道白线，看着砖红色的大楼里进进出出的人潮，突然想到莱恩的母亲，我哭了。婚礼那天，我的婆婆紧紧地抱着我，她对我说："谢谢你这么爱我的儿子，现在我就把他交给你了，我亲爱的朋友。"她那天的拥抱格外温暖，向我传递了无限的希望和力量。我努力学习她坚强的信念，但无论如何也做不到像她那么好。我多希望能给她打个电话，她是我们坚强的后盾，她的建议比金子还宝贵。我知道某个角落的莱恩也抱着跟我一样的想法。我在脑海中反复回忆她说过的话，每次她听到我们吵架都会说："你俩赶紧想办法解决问题，快点，赶紧调整好心态！"几个星期又几个星期过去了，我一直像念咒语一样默念着她的话，快点，赶紧调整好心态！

无论从什么角度看，逃避对我来说都是更容易的做法，但这一次，我不想只是因为做起来容易而选择离开莱恩。虽然我没有料想到会发生这样的事情，但我早就知道我们的婚姻不可能一帆风顺。如果我留下来，就意味着我得跟莱恩坦诚相对，我必须放下内心的苛责，认真地分析事情的原委，最终才能找到解决的办法。为什么会发生这样的事？结婚前你为什么不告诉我？你出轨之前，难道我们做不到对彼此敞开心扉、畅所欲言吗？我们怎么会走到今天这步田地？我们还能重归于好吗？我们该如何重建对彼此的信任，如何做到不翻旧账？所有这些问题都让人感到无比沉重和痛苦，但如果我们想要破镜重圆，就必须找到答案，必须解决这些最根本的问题。

原谅彼此、修复关系绝不是一朝一夕的事。整整一年，我们两个的关系依旧十分艰难，很多时候我都会产生离开的想法。为了跟我重归于好，莱恩已经竭尽全力，但我却毫不领情。我很痛苦，我特别希望他能理解我内心的无力和挣扎。好几个月了，我一直拿他的出轨对他进行情感绑架，毕竟我太生气、太难过了。但这么做一点好处也没有，与我们想要和好的目的完全背道而驰。令我伤心绝望的虽然是他犯下的错误，但我最终也意识到自己其实也脱不了干系，毕竟是我自己选择要留下，选择要跟他重修旧好。所以，若我真想跟莱恩重归于好，我必须先调整自己，这一点莱恩帮不了我。他的道歉和泪水不是胶水，没办法让我们破镜重圆，无论他说什么，我内心都无法感到宽慰。

放下过去，珍惜当下，只有这样，我才能重新来过，才能用一种全新而健康的心态对待莱恩。当我们开始认真审视自己以及彼此的关系时，我们才发现，其实我们的关系从根上起就存在裂缝，我们早就该着手处理。我自己也没想到，待我们重归于好后，很多其他问题都跟着迎刃而解了。莱恩出轨的事爆出来后，我们开始用一种从来没有过的方式对待彼此。正是因为要疗伤，所以我们变得更加需要彼此，也因此而变得更加靠近。我们不能再游戏人生，面对矛盾不能再敷衍了事，我们必须各自成长，重新看待彼此的关系，只有这样，才能真心实意地重新深爱上对方。我想我婆婆当初让我们"快点，赶紧调整好心态"时，说的就是这个道理。她指的调整，不是调整我们两个人的关系，而是我们各自的心态。我们虽然选择携手一生，并不意味着我们各自不再需要完成艰难的自我成长，这是婚姻生活不可缺少的部分。以前我和莱恩都觉得，只要我们拥有彼此就够了，但事实并非如此。我们必须先整理好自己才能真正地走到一起。而我们俩的真实情况是我们各自都有太多尚未解决的问题，都背负着沉重的包袱。只有卸下这些负累，学会释放自己，我们才能真正成为彼此的另一半。

我终于明白自己必须迈出勇敢的一步，只有这样，我们的爱才能更长久。但这个过程真可谓一波三折，每前进一步，恨不得要倒退十步。要想重归于好，我就得调整好自己的心态，从这个痛苦的过程中学习，以实现最终的成长。这件事让我懂得，任何人都不完全属于我，我也没办法阻止别人给我造成伤害或令我感到失望。哪怕是我们最最深爱的人也可能犯错，也可能让我们心灰意冷，世上并没有所谓的完美关系，当然也不是所有关系都值得修复。我们要学会从以往的关系和经历中总结经验，这有助于我们了解自己的容忍度和适应力。待到一切尘埃落定，伤口不再隐隐作痛，我终于相信我和莱恩可以继续走下去。我们一路走来如此艰难，彼此都曾经为这段感情付出了那么多，我们怎么能够轻言放弃，我们要为我们的爱情重新打造更加坚实的基础。我们还有很多事情没有做，我们深爱彼此，需要彼此。的确，如何对待他的这次出轨是我们所经历的最艰难的抉择,但这件事也让我们变得比以前更加坚定。如果当初我们轻言放弃,怎么会有后来更好的我们。

对于能否重归于好,

我不抱过高的期望,

只有这样,

我才能有更多的精力和时间处理自己的问题,

我要关心爱护自己,

实现自我疗愈。

**关于
重归于好的
思考**

HEALING MEDITATION

回想一下,你一生所经历的痛苦究竟教会了你什么?它们有没有让你变得更加坚忍?仔细思考,我们怎样才能一步一个脚印地完成情感的修复。

经验十一

身份认同

IDENTITY

我当即泪如雨下,泪水的苦涩仍令我记忆犹新,他的话深深刺痛了我:"你这个小黑孩儿,小黑鬼。"说这话的是我小学好朋友阿迪的父亲,我至今仍清楚地记得他笑着跟我打招呼时浓重的波多黎各口音。他在笑,我却哭了,眼泪扑簌簌地落下,沾湿了他们家客厅本已脏兮兮的地毯。气氛一度非常尴尬,我的朋友只知道一个劲儿地眨眼,就连她母亲也不知道该说些什么好。我当时只有八岁,自己也不知道具体为什么落泪,但心里就是觉得他的话冒犯并伤害了我。我以前也听过"黑鬼"这个词,但从没有人这么喊过我，所以刚刚听到自己被唤作黑鬼，我的大脑一片空白，不知道该如何自处。除了哭、除了不解，我还能做什么呢？看到我的反应，朋友的父亲走过来"安慰"我道："黑鬼没有别的意思，就是黑人的意思。"他靠近我，我闻到他嘴里烟酒的味道，他的语气中似乎还夹杂着一丝嘲讽。一时间，我也不知该如何是好。阿迪拉起我的手，希望我别再难过。"你本来就是黑人，对吧？"她说，"身为黑人我很骄傲，来，跟我说，身为黑人我很骄傲。"我跟着她重复了一遍，当时年少的我并不明白，黑鬼的称呼和黑人的尊严完全是两码事。

"快点，别哭了，小黑鬼。"他最后说。

我记得，那次以后我就再没去过阿迪家了。

我永远也忘不了那件事，它对我产生了巨大的影响，那是我第一次因为自己的肤色而感受到别人的厌恶。从那一刻起，我深切地意识到了自己跟别人的不同，而这个世界也随即便向我证明了黑人活在世上的艰难。我的肤色、发质、面部特征联手决定了外人看我的眼神，同时也左右了我对自己的判断。

我们家不太庆祝什么黑人的传统，这与我认识的其他黑人小孩家里的做法截然不同。我记得，有一次我去艾娜家里玩，她那来自加勒比的父母给她做的饭是传统的牙买加餐食，他们嘴里说的是黑人土话，身上穿的是用非洲布料做成的衣服，家里甚至还保留着焚香的习惯。她家里到处都摆放着热带植物，墙上挂满了非洲特色的手工艺品，这一切让我感到既新鲜又神秘，但对他们来说却是司空见惯。我好喜欢他们家的特色，希望自己也能拥有特殊文化的滋养，好让我感觉与众不同，同时也能让我找到认同和寄托。回首过去，我发现我的那些拥有黑人尊严的黑人朋友们，家里都沿袭着黑人的传统，估计是这些传统让他们产生了归属感和自我认同。年少的我未曾多想，但时至今日，我在对待自己孩子的教育问题上清楚地认识到了继承黑人传统的重要性。

多年以前发生在阿迪家的那一幕虽然对我的内心造成了无法磨灭的影响，但也教会我在教育孩子的过程中一定要让他们懂得他们拥有黑人多元文化的宝贵身份。我在大女儿很小的时候就告诉她，她跟别人不一样，这是她的骄傲，她与众不同、美丽大方、心地善良、聪明伶俐。我总是刻意地培养她的自我认同感，不仅要她知道自己是谁，还要她毫不怀疑地悦纳自己，如果能做到这一点，即便有人胆敢喊她黑鬼，她也不会将其视为对她的厌恶。

记得大女儿上三年级那年，有一天她回到家跟我说："公交车上有一个男生说我的皮肤是屎的颜色，他为什么要这么说我？"我明显感觉到她语气中的难过，我心里也不是滋味，但我回答她的语气非常平和，我不想浪费这个教育她的好机会。

"我很难过今天发生了这样的事，但我必须告诉你，你的棕色皮肤很美。那个男孩儿的话让你心里很难受吗？"

"嗯，我特别生气，特别难过！我当时就跟他说，'不，你说得不对。'"

听了她的话，我悬着的心放下了，内心充满了感动。我对她的教育很成功，第一次面对种族歧视，坐在公交车上只有三年级的她做得很好。她虽然很难过，但还是能坚持捍卫自我。面临人生重要的时刻，她能够表现出她的年纪该有的心智和成熟,这让我对她刮目相看。她知道自己是谁,不允许任何人践踏她的自我认知。

"你能勇敢捍卫自己的尊严,我真为你骄傲。有时候,别人会说一些伤人的话,可能会让你难过,但我们必须永远记住我们是谁,要做到不为所动,你今天做得就特别好!"我语气坚定地对她说。

当天晚上我对女儿说的话,其实也是我想对年少的自己说的,我要让她明白,身为黑人不是什么污点或负担,她的肤色也不是什么诅咒,不该被厌憎。她必须从骨子里明白这一点,别人因为肤色对我们的憎恶或嫌弃完全是他们的问题,我们自己也没做错什么。我带着她走到她卧室的镜子前,在上面贴了好多纸条,我就想提醒她勿忘初心。"我是个黑人,我美丽善良、聪明风趣、诚实勇敢、热情友爱、坚强自信、魅力无穷。我的棕色皮肤让我感到骄傲。"

这件事发生后,我最大的希望是她不会像当年的我一样感到孤独无助。我希望她能找到倾诉的对象,知道有人会永远理解她、支持她。这本来是一个教育孩子的时机,却同时把我带回到了自己的童年,让我看到了当时自己的无助。这些宝贵时刻不仅教育了我的孩子们,也给予了年幼的我曾经缺失的安慰。

我所拥有的一切

都将激励我

成为更好的自己。

关于
身份认同的
思考

IDENTITY MEDITATION

想一想,你是谁?
你内心的归属感从何而来?

经验十二

攀比之心

COMPARISON

生了二女儿后没过几个月,我又开始整理自己的情绪。我打开情感的行李箱,想仔细看看里面哪些东西可以保留,哪些可以拿出去,因为只有这样,我才能清理出空间,更好地迎接新生儿带给我的快乐和纯真。我要整理好我自己,成为她最好的妈妈。可是,当我翻出童年的记忆时,痛苦再次涌上了心头,那时的我,有太多的情感缺失,有一些直至长大后也未能弥补。我真希望有人能告诉我如何做一个好母亲,可是没有人能够帮我,我必须自己找到答案。

于我而言，摒弃不好的旧模式和旧习惯已实属不易，若要我学会另辟蹊径、成为更好的自己，真是困难重重。第二次做母亲让我内心那个年少的自己陷入了两难境地，她既希望我有能力在成长的路上获得更多的呵护和滋养，又希望我能学会接受无法改变的一切。日子一天天地过去，而我内心真实的渴望似乎还在摇摆不定。

童年一直是我心底的痛。小时候，我以为每个人的童年都跟我大同小异，不知道什么是父母无条件的爱，以为爱不都是有条件的嘛。我是长大了看到其他母女的互动方式后才意识到童年带给我的痛苦。记得几年前，我去见一个跟我关系越走越近的女性朋友，她叫莉亚。那是一个夏日，她请我去她家的农场用午餐。七月的天气很好，不冷也不热，天空飘着朵朵的白云，偶尔还有微风袭来。终于能走出家门晒晒太阳了，我的内心十分激动。我在蜿蜒的碎石路边把车子停下，放松地欣赏木栅栏里悠闲的羊群和自在的骏马，看它们一边走一边惬意地啃着地上的青草。莉亚正站在白色纱门后面笑着朝我挥手。

"欢迎！欢迎！"看到我下了车，她开心地招呼我道，"你能来太好了，这一路好走吗？"

"挺好走的，沿途景色特别美，"我一边回答她，一边惊诧于周围的美景，"谢谢你邀请我。"

我完全没想到，距离我的住处不到三十分钟车程的地方竟然有这样一片繁茂的土地。开车穿过莉亚所在的小城时，我心想这不就是我梦想的生活吗：远离城市的喧嚣，在这样一个世外桃源，我的孩子可以肆意玩耍，捉萤火虫，开心地嬉闹，房子后面还可以有一个花园，或许我们还可以养一两只鸡。我想象着自己和莱恩坐在弧形的大门廊上，一边喝着冷饮，一边看着夕阳西下，完全沉醉于天边姹紫嫣红的晚霞。不过我又想，这里没有街灯，到了晚上一定是一片漆黑，另外，每次给车子加油或是去趟超市开车都得用上半个小时，应该非常不方便吧。

我走进莉亚的家，闻到空气中弥漫着新鲜出炉的烤面包和蜂蜜黄油的香气。莉亚的母亲多娜正忙着在厨房准备午餐，她腰间系着一条围裙。我看到操作台上摆了好多瓷盘，上面盛满了各色美食，有切好的西红柿，旁边还点缀着可以食用的花瓣，有蒜香青豆，有烤青椒，有地道的烤笨鸡，还有一盘奶酪——有布里干酪和切达干酪两种。一股微风从敞着的窗子吹了进来，掀起了乳白色的纱帘，眼前的一切似梦似幻，难道我真的来到了世外桃源？

我一路跟随着莉亚，穿过厨房来到一张质朴的露台餐桌前，桌上摆满了从方圆五十英亩的田野上采来的野花，我简直不敢相信眼前的一切。多娜也从厨房走了过来，她们这对母女好像特别合拍，递面包、倒茶，一举一动都流露着对彼此的爱。对了，那可口的甜茶竟然是她们用自家后院种的新鲜食材自制的。我看着她们母女的互动，觉得自己好像是在看电影，毕竟现实生活中，我从来没见过这样的家庭关系。她们的甜蜜互动、温馨的家，还有繁茂的土地——这一切都太美好了，如镜花水月般梦幻。

怎么可能真的有人过着这样的生活？我暗自思忖。记忆中，小时候我第一次上桌吃饭就是我一个人，当时我妈妈正在我们租的房子的厨房和餐厅间来来回回走个不停。她看到我还没吃完饭就把果汁喝光了显得非常焦虑,咆哮着让我把面条都吃完,就算我吃饱了也得继续吃。她骂骂咧咧地跟我说,要是我不吃完饭就得一直坐在那儿,哪儿也别想去。"我不管你是不是吃饱了,"她说,"谁让你先把果汁都喝了,快××把你的饭都给我吃干净,然后滚去床上睡觉。"我急忙把盘子里的东西一股脑儿塞进嘴里,撑得我差点没吐出来,而整个过程我的母亲就在一旁盯着我,似乎还很享受眼前的一幕,毕竟她才是家里的老大,我不过是个小屁孩儿。下了餐桌,我没忍住还是吐了,于是又因为浪费食物而遭到了惩罚。

眼前的多娜和莉亚不禁让我展开了无限遐想,要是我和母亲的关系也能如此亲近,我的人生会怎样?我莫名地有了攀比之心,内心开始因为嫉妒而焦灼。正在我沉浸在心疼自己的情绪中时,多娜与我攀谈起来,她问我做什么工作,我告诉她我是作家,她听后异常兴奋。

"年轻真是太好了,想做什么都行,"她吃了两口西红柿,真诚地感慨道,"你看过《艺术家的方式》那本书吗?"她笑眯眯地问我,"如果你没看过,一定要看看，真的。"

"我看了，嗯，可是还没看完，我会时不时拿起来翻一翻。"我回答她。

"哦，亲爱的，你真该好好看看，它一定能改变你的人生。我是很多年前看的这本书，看完后，我觉得自己整个人都不一样了，可以说书中讲到的晨间笔记的习惯彻彻底底改变了我的生活。"多娜激动不已。

我微笑着回应。其实，我特别不喜欢写晨间笔记——《艺术家的方式》里介绍的鼓励读者每天自由写作的办法——不过，我正在努力尝试。我很喜欢跟多娜聊天，周围弥漫着面包黄油的香气，我身心都感觉特别满足，肚子饱尝了最美味的烤鸡，耳边还充盈着最有感染力的欢笑。我们三人沉醉在这美好的一刻，倾听着彼此记忆中的往事。我讲的故事大多是关于我的童年，此外我还讲了我如何从一个年轻的单亲妈妈成长为成功的企业家、妻子和两个孩子的母亲。她们看着我，眼神流露着敬佩和心疼，我的故事总是让人既替我感到幸福，又会心生怜悯，我早已习惯了这种反应。

莉亚和她妈妈跟我分享了很多她们宝贵的回忆，她们一唱一和，有来有往，我放松地坐在那里，听着她们相互打趣，憧憬着这般美好的母女感情，试图从自己记忆深处挖掘出一些同样美好的回忆。不过同时，我也不断提醒自己，每个家庭关系都很复杂，绝不能简单地一概而论。在多娜和莉亚美好关系的外表下，肯定也会有属于她们自己的问题、焦虑和烦恼。我忍不住在心里与之比较，想到了自己的缺失和痛苦，我不知道她们究竟是经历了怎样的困难、用了多久的时间才拥有了今日的默契，或许她们也是经过多年的努力才有了今天的母女情深，或许她们也是刚刚学会用对方真正需要的方式给予彼此关爱。我努力寻找我的家庭和对面这对母女之间的共同之处，但内心仍难免出现巨大的失落，我眼前这对母女间的亲情与我那个缺乏母爱的家庭关系，真的不一样。

用过午餐，莉亚带我在周围转了转，她特别兴奋地带我参观了一幢很有年代感的红房子，房子旁边曾经的马厩现在成了她们的工作室。她们母女竟然还一起经营着一桩染坊的小生意，染染布、纺纺纱，我实在无法想象母女还能合作创业，要是我跟我妈在一起工作，结果肯定是两败俱伤。我再次清楚地认识到，我眼前的这对母女绝对是现实版的童话故事，可遇不可求。莉亚推开吱呀吱呀的大门，阳光顺着楼上的房梁投射进房间里。她们用姜黄粉、甜菜汁和牛油果染成的五颜六色的纺线一排排地挂在门框的铁钉上，调制出了一个五彩斑斓的光影世界，那金丝雀一样浓郁的黄、墨汁一样深邃的黑和石英石一样通透的粉，我仿佛置身于一个童话世界。莉亚也留意到了我满眼的惊喜。

"这些都是这一季的色板，是我妈妈亲手染制的，"莉亚告诉我，我摩挲着这些精美的织物，爱不释手。

"你跟妈妈一起工作是什么感觉？"我问。

莉亚回头看了一眼，确定多娜没跟过来才开口说道，"我太难了。"她一边说还一边夸张地窃笑，"我爱她，她很了不起！这一点不容否认，但她真的很难搞，我们俩很多想法都不一样，不过，我知道她都是为我好。"莉亚继续道，"我之所以回到这里就是因为我不能再继续以前的生活了——城里的生活节奏很快，我感觉自己每天都在做重复的事，从不曾真正地生活过。回到家，跟父母生活在一起对我来说是一个甜蜜的负担，我终于可以慢下来真正地享受生活了。我每天早上都是被公鸡打鸣叫醒的，房子前面种的都是果树，成熟的果子摘下来就可以拿去农贸市场卖。我很多时候都觉得自己是在做梦，这里山清水秀，生活在这里，就算会跟父母闹矛盾也是值得的。"她反过来问我说，"你呢？你跟妈妈的关系怎样？你们两个很亲近吗？"

好吧，我心想，该来的总会来的。

"我们关系一般，"我说，"现在已经好多了。我长大后，我们的关系已经有了改善，但还是有很多边界感，这样也好，有利于我们维持现在的关系。"

"是吗？"她好奇地应道。

"是。"我回答她。

我本来想跟她多解释几句，但我知道，那样一来，我今天的好心情可能就彻底毁了。每次说到母亲，我内心总是会迸发出各种情感，本来跟莉亚一家在一起挺开心的，我不想用自己的悲惨故事破坏眼前这美好的氛围。虽然我没说什么，但莉亚的眼神告诉我她明白我的感受。

因为听到莉亚谈及她对母亲的妥协和退让，我不禁对我自己的母亲心生同情。我母亲对我虽然不够关爱、不够呵护，但她对我的孩子却无比的温柔和善。人都是会变的，只是表现方式不同而已。以前，我总是对自己的情感缺失耿耿于怀，还是我的一个好朋友点醒了我，她让我不要总是惦记自己没得到的，要多想想自己拥有的东西。于是我开始更多地想母亲对我的好，虽然我感觉跟她不亲，感觉她不够爱我，但每次在我最需要她的时候，她的确总能出现，给我我需要的支持。一味地纠结于我们失败的家庭关系，一直对其耿耿于怀，对我而言一点好处也没有，只能将我告诉莉亚的所谓的边界感变成无法跨越的障碍。我虽然替自己内心住着的小女孩不甘，但我也知道，始终追着一个人的过去不放，对那个人来说也不公平，特别是她们现在已经在尽力弥补了，她们也想要证明自己的改变。

当天晚上，我独自一人从乡下开车返回了城里。一路上我就在想，哪些时候我的母亲是在用她自己的方式展现对我的关爱呢？我希望自己能给予母亲更多的理解和同情，不想过多地考虑她的爱是否满足了我的需求。驶过几英里的小树林，我开始寻找自己最初美好的童年记忆。我是家里的独生女，母亲工作很忙，所以大多数时候都是外婆在照顾我。回想母亲对我的爱，我发现通常是以礼物的方式呈现的。我每次在外婆家过完周末回到自己家时，总会发现床上摆着一身送给我的新衣服。记得有一次，我打开卧室的门，发现床上整整齐齐地摆着一套我心仪已久的牛仔服，夹克衫的后背绣着一匹银色大马，这一设计和深蓝裤子左腿上的马的设计相映成趣。如果用现在的时尚标准去看当年的那套衣服，它简直是丑爆了，但对于当年那个十岁的小姑娘来说，这礼物让我太开心了，我要穿着这身帅气的衣服，像衣服上绣着的银色大马一样，走到哪里都闪闪发光。我母亲并没有给我一个拥抱，她似乎没觉得这是什么大事，只是淡淡地说了一句，"你喜欢就好。"说完便转身走了。

她送我礼物时从来不大惊小怪的，总是该怎样就怎样，那是她关心我的方式。不管我需不需要买新的东西,送我礼物就是她辛苦工作的回报,也是她关心我的证明。我们或许没有经常一起用餐,没有很多亲密的互动,但她给了我一个家。同样作为一位黑人女性和单身母亲,她顶着压力辛苦地工作,就是希望能给孩子好一点的生活。从物质上来讲,我从来没缺过什么,家里什么都有,虽然她是独自一人把我带大,但在我记忆中,我们从来没有为吃、穿发过愁,这当然是母亲的功劳。

还有,当我十七岁大着肚子回家时,母亲虽然非常生气和失望,但她并没有把我赶出门,而是选择跟继父一起帮我抚养我的女儿,给了我们一个别样的家。后来我之所以能去上大学、重新找到人生的意义,都离不开母亲的支持,如果没有她,这一切都不可能。没错,我和母亲的关系的确不像农场母女童话般完美,但我也越来越清楚地意识到,我们的关系也并非一无是处,我应该对其多些赞美,少些苛责。

这次与莉亚母女的攀比反倒让我懂得了恻隐之心的宝贵。随着我不断卸下情感的包袱、反观自己的童年,我慢慢学会用慈悲之心去解读每一段情感纠葛,这样做既是为了别人，也是为了我自己。与莉亚和多娜的这次交流为我的人生开启了一个全新的篇章，吃完那顿饭离开时，我对人生有了新的领悟和看法：这世界上没有任何一种关系能做到一帆风顺，即使表面上看起来完美无瑕，实质上也一定会存在某种问题。没错，挑母亲的毛病很容易，但如果我能换一个角度看她，就会发现她也做了很多值得我感谢的事。那之后没过两天，妈妈又照例来我家帮我看孩子，她还主动帮我们把衣服都整理了一遍，更是把宝宝的衣服按照大小和季节做出了标记。她对此一如既往地淡然，没觉得有什么大不了，也没想着给我一个拥抱。送她出门时，我转过头对她说："妈，谢谢你。"她点点头，摆摆手跟我道别，"能给你帮上忙，挺好。"

我不想再与人比较,

这样,我才有更多的时间和精力

学会理解、共情和宽容。

我还在不断地成长，

我要继续探索，

找到适合自己的人生道路，

我要更加淡定从容。

关于
攀比之心的
思考

COMPARISON MEDITATION

想一想,你最近一次有攀比之心是因为什么事情?重新审视所谓的攀比,看看它能否教会你更加珍惜所有,而对曾经的缺憾选择释怀。

经验十三

全力以赴

DEDICATION

　　夫妻房事为何会成为令人焦虑的繁重任务,害得我和老公根本提不起兴趣? 它不应是夫妻之间的情趣吗,怎么就变成了任务? 房事之前,我们得做许多准备的工作,排卵试纸、体温计、理想的宫颈黏液条件、最适宜受精的体位、事后确保精子不会乱跑的月经杯(我在一个过时的网络论坛上看到这个法子,有人说这么做有用),待一切准备就绪,夫妻间的性事俨然就成了一套化学实验,检查完了这个检查那个,反正就是各种没完没了的检查。

我俩已经为怀孕努力了近两年，我的肚子依然毫无动静。其实，在我们把性生活变成科学实验之前我是怀过孕的，那是在我们决定要小孩儿之后的第十一个月，我怀孕了，但得知这个好消息后没多久，我就流产了。一切又得从头开始，我自己都不确定当时我的难过到底是因为失去了宝宝，还是因为我们又得重新开始科学实验，或许二者兼而有之。无论出于什么原因，我已经心力交瘁。

我跟老公都累了。其实，我们还年轻，我二十七，莱恩三十，但年纪似乎跟能不能怀孕没有什么直接关系。我们本来以为只要改变饮食、增加维生素的摄入，我们就一定能心想事成，但哪承想，这世间所有的维生素都解决不了我们心中的疑惑，为什么我们想要个孩子就这么难呢？我觉得肯定是我的原因，谁让我2007年跟一个自己根本不爱的人生了个私生女呢。或许，还可能因为我之前堕过胎，上帝在惩罚我。但老实讲，我根本不相信上帝会因为我的怨恨、错误和不懂事就如此严厉地惩罚我。我在寻找答案的过程中产生了太多的疑问和困惑，首当其冲就是我老公为什么不愿意去医院做检查。每次我提出我们去医院检查一下，他都会勃然大怒，没有一次例外。我老公的体贴和乐观一直将我保护得很好，但这次他那些"该来的总会来的""咱们继续努力"的鼓励对我来说却一点用也没有，根本无法让我安心。

我不想把希望完全寄托在祷告上，我做不到，我认为对于生孩子这件事，我们除了要往好处想更应该寻求专业的帮助。对此，我们两个经常产生分歧，似乎孩子离我们已经越来越远，而备孕这件事，也已经在情感上给我们造成了巨大的负担。整个过程虽然只有二十四个月，但给我们的感觉却好像是过了二十多年。我俩的状态都特别不好，内心充满了茫然和恐惧，做爱成了一件痛苦的事，一次又一次的精子检测更是让我们感到前途渺茫。没有孩子，我们就没办法对其倾注我们全部的爱和呵护，这其中的空虚感最是令我们心痛。我们的生活已经完全被备孕这件事所占据，根本没意识到彼此的世界已经遭受到无情的瓜分和挤压。我一直在想，我们到底有什么问题，为什么我们生不出孩子？有时候，我甚至会想，肯定是我们相互克对方，一次在一个好像叫《家》的节目上我看到过这种说法，有那么一瞬间我觉得这种解释似乎很有道理，不过我马上就把它推翻了。人生有时候就是这样，有些事，你越想解释通，反而越解释不通。

要想找到答案，唯一的办法是寻求专业的帮助，所以我们最终还是做出了正确的选择。我需要找到问题的症结，于是做了万全的准备：笔、纸都带齐了，我甚至假想自己穿上了实验室的白大褂，恐怕谢迪·格罗韦生殖研究中心的员工都没有我准备得认真。莱恩对咨询专家的做法似乎还心存疑虑，他一点也不兴奋，不过还是选择配合我的决定。这件事对我们来说绝非儿戏，现在回头想，我能够理解莱恩当时内心的恐惧，我们都害怕听到骇人的结果，不希望是因为自己或对方的原因而导致我们迟迟不能怀孕。

经过无数次的谷歌搜索，先后见了妇科、泌尿科和生殖内分泌科医生后，我们终于找到了问题的症结，即轻度男性不育——我老公的精子被定性为存活率低、流动性慢、性状异常的精子。现在想想，我们两个更愿意把它们定性为不争不抢、随遇而安的精子，这一点跟它们的主人一模一样。负责给我们治疗的优秀的医生团队甚至不太理解我们之前竟然能怀上小孩，不过，他们也认为最终导致我流产的正是我老公的问题精子。他们带给我们俩的好消息是我们并非万完全没有怀孕的可能，坏消息是我们若想怀孕，必须通过必要的医学干预。虽然前路艰难，但我们两个还是对宫内受精的办法很有信心，这种操作应该可以大大增加受精的概率。我们的想法是，宫内受精总不至于比我们自己的科学备孕实验耗费更长的时间吧，而且它又不至于像人工体外授精那样对人体造成严重的伤害，关键是经济上我们也负担得起。

于是，我们俩决定试试。可这一试，就试了八次，结果依然是颗粒无收。连续八个月的失望，每次孕检结果都是阴性。莱恩连续八个月把精子样本留给专家，他们连续八个月把他的精子通过导管注入我的体内，我连续八个月把两条腿张开，双脚别扭地放在检查台的脚蹬上，阴道被小心翼翼地撑开，撑开成一道不愿关闭的门。每次宫内受精的操作完成后，我们都盼着那一次能够成功；每次医生都会告诉我，"先不要动，计时器响了你再起来。"躺在那儿等待的十五分钟里，我们会对未来抱有无尽的畅想，甚至会给未来的宝宝起名字。结果，每次尝试都没能成功，整整二百多天，我们的心里像压了重重的石头，最初的期待慢慢化为了乌有，剩下的只有茫然。我们的怀里依旧没有宝宝，有的只是遥遥无期的渴望和一次又一次的挫败。

最后一次宫内受精的尝试失败后，内分泌科专家建议我们尝试一下别的方法。看来，宫内受精对我们无效，所有这一切证明都是徒劳的，我们只是在浪费钱。想到还要做新的尝试，我们两个都十分痛苦。我们坐在医生对面，面前摆了一堆数据，他帮我们做了各种利弊分析，为了解释得更清楚还帮我们画了个图。各种信息夹杂在一起令我更加不安，数据显示，人工体外授精的办法会大大增加我怀孕的概率，哎，看看大概的花费，整个过程差不多得花两万七千五百美元，这个数字我想都不敢想。但是如果不能跟莱恩拥有属于我们自己的孩子，未来的日子我恐怕会更加痛苦。

我已经到了不解决不孕问题绝不罢休的地步，我与它势不两立，我不能接受我们两个在生殖中心经过反复尝试后还是两手空空的结局。即使这是我们人生最黑暗的时刻，我们也绝对不能被它打败。虽然我之前一直信心满满、跃跃欲试，可这次，我却犹豫了，紧张了，我们真的还要继续尝试吗？莱恩表示他愿意尝试新的方案，毕竟他已经受够了精子储存室里那些令人毛骨悚然的躺椅（他一点也不愿坐在里面）、无聊的《花花公子》杂志和每次精准射入样本杯的尝试。我当然不怪他，我害怕的是人工体外授精，感觉自己仿佛成了外星人。另外，药剂、注射、花费，每样都令我感到焦虑。我们俩的确还有些积蓄，但万一这次也不成功呢？如果我对药物有排异反应怎么办？就算一切顺利，万一我们的胚胎在实验室跟别人的弄混了，导致最后生下的孩子根本不是我们的怎么办？想到各种不好的结果，我寝食难安，为什么要让我们经历这一切？为什么生活不能对我们好一点？

紧张归紧张，我也承认人工体外授精对我们来说是最好的办法了。我们很幸运，因为有保险，我们个人只需要支付很小一部分费用，我想这或许是一个好兆头，预示着我们在经历各种风雨之后终将迎来美丽的彩虹。莱恩帮我打了促排卵的针，他很专业，第一轮尝试过后，他自称已经成了称职的医生。我的身体也没有出现什么不良反应，没有像很多女性一样出现水肿，我的卵泡——即发育不成熟的卵子的囊——正在神奇地变得成熟，像夏天饱满的桃子，十二次成熟卵子的提取十分顺利，做到了完美的衔接。莱恩说看到我从手术室出来时竟然吮着大拇指，我怎么会这样，想想都好笑，或许，我们即将出生的孩子在我身上显灵了？或许，这又是一个好征兆。

　　莱恩还需要再提取一次精子样本，而后，我们能做的就是等待医生创造奇迹了。他们把精选出来的莱恩的精子逐一注射进不同的培养皿中，希望它们能与我"了不起的"卵子完美结合。在这之后，我们就只能盼着科学技术和精神力量发挥神奇的作用了。我想象整个过程应该是这样的：精子和卵子经过漫长的猫鼠游戏后终于相遇了，再次的相遇终于让精子觉悟，它决定用尽其全部魅力去打动卵子，于是它们坠入爱河，在天时地利人和的环境下结合成了胚胎。那宝贵的胚胎像孕育了星辰大海的银河系一样神秘，汇集了爱与科技的力量，正在创造伟大的奇迹。

我们俩在事先说好通知我们结果的那天一直等在电话边，终于等来了护士甜美的嗓音，"告诉你们一个好消息。"她说，在我的十二个卵子中，有六个成功完成了受精，胚胎非常健康。听了她的话，我们两个都乐得合不拢嘴，莱恩的眼神告诉我，他相信这次是我们距离实现梦想最近的一次。不过，护士说，接下来几天还要看胚胎的发育情况，然后才能最终决定能否将它们植入体内。等待的日子虽然漫长，但也带着些许的甜蜜。终于等来了植入的日子，护士再次打来电话，我隔着电话都能感受到她温暖的微笑，她告诉我，我们的胚胎非常健康，医生和胚胎学家都很满意，现在就等着我去医院抽血做化验了。好日子终于来了，我当时心里琢磨着，整个过程终于要结束了，命运终于眷顾了我们。我由衷地感到了一线希望，那是莱恩从来都不曾放弃过的希望。

抽血的当天护士便打来了电话，她说我的指标有点高，为了小心起见，医生建议等条件合适了再做胚胎植入。我的心再次沉到了谷底，恐惧像火山熔岩般爬到了我的嗓子眼，我浑身发热，开始冒汗。是呀，这一切都太顺了，我们怎么可能不碰钉子呢，如果不碰钉子，那就不是我们了。我心想，命运从未曾眷顾过我们，不论我们想要得到什么，都得拼尽全力去争取。这一次，就算无法得偿所愿我也不会再难过了，我生气了，我想像孩子一样无所顾忌地大发脾气。我已经受够了与不孕的斗争，可过去整整二十四个月，我们遭受了太多次的打击，我绝不会轻言放弃，我的怒气变成了斗志，莱恩的支持更是给了我无限的力量，他说"×××的不行""×××的等这、等那"，我们无论如何也等不了四个星期了，我们的耐心已经到达极限。

于是，我打去电话给护士。"我们想见医生，"我的态度十分坚定，"我们想知道，如果现在做胚胎植入成功的概率有多大。"医生当天就见了我们，给我们解释了我的情况，说我的指标可能会导致成功几率稍有降低，为了帮助我们更好地理解，他还拿出纸笔给我们画了个图。我和莱恩态度达成了一致，无所谓了，这一路走来，我们一直小心翼翼，每天都仿佛走在钢丝上，我们经历了太多次的失败和恐惧，而每一次，不管成不成功，我们都一如既往地努力，因为我们知道，只要尝试，就有成功的希望，不试，就注定失败。医生解释得非常清楚，说胚胎可能不会着床，但他知道，即便如此我们还是想尝试一下，于是，他听从我们的想法，帮我做了胚胎植入。

出乎所有人的意料，胚胎竟然成功着床了。我终于顺利怀孕，没有任何词语能够形容我们内心的喜悦。但我并没有就此感到轻松，怀孕虽然开心，但我也无比担心，曾经的流产和备孕给我造成了严重的心理阴影。怀孕的前三个月真是特别难挨，我甚至一度怀疑有人跟我们开了一个残忍的玩笑，其实我并没有怀孕，我们所经历的一切终将竹篮打水一场空。我内心的希望和信心又动摇了，始终无法摆脱流产的噩梦。再加上，怀孕的前十个星期，我时不时会出现阴道出血的症状，我每天都垫着护垫，以便准确监测流血情况，同时我也不断提醒自己不要得意忘形，这个宝宝我们还不一定保得住。焦虑和恐惧似乎从来都没有放过我。

最后，可以说直到我把九磅重的宝贝女儿小伊拉切切实实地搂在怀里，看着她嗷嗷待哺的小模样，我悬着的一颗心才终于放了下来。之前整整九个月，多亏了老公给我的安慰，我每次感到焦虑，他都会提醒我，我们生下来就是来与命运抗衡的，我们骨子里就有着不屈的坚强。曾经的伤痛教会了我们持之以恒，只要我们平心静气，就一定能共渡难关。我们就算对世界不满，埋怨上天的不公，也要竭尽全力在风雨中携手前行。回想过去，我们俩一直都在相互扶持，我们的人生永远谱写百折不挠、永不放弃的诗篇。

回首过去我们经历的所有磨难，我感到一丝未曾有过的坚忍力量。曾经那令人心痛的流产、一次又一次的失望、没完没了的生育治疗、情绪的崩溃，这一切都说明我们还不了解自己，还有太多需要学习的东西。关于自己，关于彼此，我们还有许多功课要做。正是因为有了这些生活的苦难，我们才能更好地了解我们的身体和身体的需求，经过这一切，我觉得自己俨然成了一个生育专家。等到我们的女儿长到一岁，我们又开始了对另外五个受精胚胎的DNA测试，希望为再次怀孕做好准备。同时，我们也为与命运的再一次抗争做好了准备。

没想到,命运竟然对我们另有安排。还没等到我们启动新一轮的胚胎测试计划,我发现自己已经怀孕了。对,是自然怀孕,事先没有计划,完全出乎意料。之前医生跟我们说过,我俩自然怀孕的概率非常低,几乎不可能,可是谁能想到,就在小伊拉出生的一年后,我们家里又迎来了一个漂亮的男宝宝。所以呀,人生一定要全力以赴地做事,内心要想着风雨过后的彩虹,因为你永远不知道什么时候有人会对你一见倾心,什么时候你会得到命运的眷顾。你一定要全力以赴,为了自己的梦想勇敢奋斗。现在的我,相信一切皆有可能。我和莱恩无法操控这一切——无论是生活的不如意,还是奇迹的发生,我们都说了不算,所以我们都得学会放手,尽管有不安、痛苦,甚至心碎,但只要我们努力了,我们就要心存希望。我变得比以前更加坚强,相信自己能够坚持到最后,即使生活再难,它也打不垮我。

改变不会总是轻松愉悦,

但却一定能教会我们成长。

我们会变得更加坚强,

生活也会因此变得更加丰富多彩。

只要全力以赴,

我们就能拥有更完美的爱情和更幸福的人生。

关于
全力以赴的
思考

DEDICATION MEDITATION

请你直面曾经的失败和伤痛,想想你可以从中吸取哪些宝贵的经验。

经验十四

接受现实

ACCEPTANCE

我们家一直有一个传统,就是全家人围坐在舅舅家的红木餐桌旁吃面包、讲故事。我们特别喜欢去舅舅家串门,到了那里可以看球赛、度假、参加生日会,每件事都让人兴奋,即便没有什么特别的安排,哪怕只是跳上车朝着舅舅家的方向一路驶上环路,我们都会由衷地感到开心。舅舅家的地方很大,小孩子可以在他们家尽情地撒欢。夏天,我们最爱的是蹦床,到了冬天,大家最喜欢的是围坐在火堆旁烤棉花糖,然后再把它做成果塔饼干,吃上一口,你会顿时感觉人生完满了。每次我们去舅舅家都会受到他们热情的款待。后来，正是因为他们家让我感觉非常包容、温暖，我才开口问可不可以在他们那里举办我的婚礼。2016年，我和莱恩的婚礼如愿在舅舅家举办，整场活动堪称完美。

可是我万万没有想到，之后没过两年，不知道什么原因，一切都变了。我们最后一次去舅舅家是2018年的感恩节，从那以后，我妈妈、外婆和我就成了不受舅舅家欢迎的人，没人知道为什么，不知道到底出了什么事。我们这一大家子并没有多少人，除了我妈妈和我继父、我外婆、舅舅、舅妈、他们的小孩，就剩下我、我老公和我们的小孩了。多年以来，我已经习惯了这样的家庭关系，从小我就知道我们家并没有很多亲戚，跟亲戚的走动也不算频繁。我刚刚说到的这些人就是我全部的亲人，所以每次能有机会跟大家聚聚，我们都会欣然前往。我努力回忆着感恩节那晚的每一个细节，希望能通过蛛丝马迹找出事情的真相：或许是因为我们当晚关于种族的对话让舅舅的岳母感到了不适和不满，"我没有种族歧视。"她老人家一张嘴就说了这句话，其实我们想到她会这样说；又或是因为那个（本来是为了活跃气氛而讲的）关于舅舅、舅妈住在北部加州的故事，说他们是当时其所在亚裔聚居区的唯一一对白人夫妇，而事实上，舅舅不是白人，舅妈才是，舅舅跟我们一样，是如假包换的黑人，笑话讲完了，却没有人觉得好笑；又或许是因为我和莱恩走之后发生的什么事，我们两个并不知情。总之，后来当我努力营造自己家的家庭传统时，我已经学会重新看待亲戚走动这件事，我开始学习尊重他人的沉默，哪怕对方是在用沉默宣誓不满，那也值得尊重；我开始学会接受现实，对于很多事情，我们可能永远无法知道真相，永远也无法在内心做个了结，那也没关系，生活总还是要继续。

记得有一个星期天，外婆坐在我对面跟我说起了家里的不和，她忍不住痛哭了起来。那时候她已经七十岁了，看到她在我面前心碎，我非常难过。我其实是外婆带大的，小时候，都是外婆带我外出度假，每次我遭到妈妈的毒打，都是外婆过来安慰我，实在看不下眼的时候还会替我出头，每次我走丢了，也都是外婆默默向上帝祷告，保佑我平安回家。她是我这辈子认识的最坚强的女人,可那一次,当我拥抱她时,她却泪流满面。我对她说:"我知道你心里很痛苦,我也很难过。"她无法接受自己的亲生儿子对自己的冷漠,她很伤心,不懂为什么会这样。她想弄明白究竟是怎么回事,希望一切能回到从前,但得到的回应除了沉默还是沉默。其实我有很多话想对外婆讲,但我忍住了,我知道我说什么都没用,外婆她也需要学会接受现实。我本来想跟她说,发生这一切并不奇怪——我们家的家庭关系一直都是如此,家人之间根本做不到敞开心扉,对彼此的爱似乎都需要前提条件,所以一旦心生隔阂,大家就只会沉默了事。其实,在我懂得建立边界感和寻找自身责任之前,我也这样,我最糟糕的那段日子,身上也全是这些毛病。与其承认芥蒂、想办法重归于好,还不如将关系彻底破坏,毕竟后者要容易得多。

外婆一边哭一边跟我讲了很多我以前不知道的事。外婆跟所有的母亲一样,在身为人母的道路上也曾犯过错误,回头想想,她也有很多事可以做得更好。她这一生并没有什么大起大落,她也是一个单亲母亲,十六岁时生了第一个小孩……我认真地听她讲她的故事。

她所经历的嫌弃和挫败,我都很熟悉,听她讲她的人生故事,我仿佛看到老天对我们全家下了一个魔咒,无论我们怎么努力似乎都无法打破。我在自己不断成长、不断书写自我的路上清楚地发现,我原生家庭的每个成员都经历了巨大的伤害和痛苦,我们每个人都有自己的糟心往事。当事人若想卸下包袱从痛苦中解脱出来,就需要做出深刻的内省。当然,这绝非轻而易举就能完成的事,要想打破魔咒,我们先得学会接受现实。没错,无论是谁,如果遭到拒绝肯定会非常痛苦,但重要的是我们要学会接受无法改变的现实,我希望外婆也能体会这其中的道理,我想告诉她,不要背负别人的包袱负重前行,如果有人把它甩给我们,我们要懂得保护自己,要学会置之不理,要学会转身离开。但是,你要如何让一位母亲接受自己儿子拒其千里的事实呢,如何让她相信这件事不是她的错,都是儿子不懂事呢?我也有自己的小孩,所以我知道,如果有一天他们跟我说我的教育方式有问题,我肯定很难接受。难道我要背负起他们甩给我的情感包袱，走到哪里背到哪里吗？想想我都觉得可怕。

学习接受现实的方法让我懂得，我没有背负别人包袱的义务，哪怕那包袱是我自己的孩子长大后甩给我的，我也不必承受。我的童年留给了我许多伤痛，我在自我疗愈的过程中明白了这个道理。多年以来，我一直希望母亲能承认自己的错误，这样我心里或许会好过一些，我甚至希望她能为自己的所作所为感到痛苦。但后来，我渐渐明白，她能做的她已经都做了，我的自我疗愈不一定非要揪着过去不放，要想走出过去的阴影，首先就得学会接受现实，不能对过去的事情耿耿于怀。可以说，反倒是家庭的羁绊、被人嫌弃的失落以及各种无法言说的一切成就了我，教会了我如何全权掌控自己的人生。

这次的经历带给我的最大收获就是自信——即使内心感到失落，即使对过去感到无能为力，我仍然可以选择相信自己、相信初心。我必须走出失落，摒弃依赖他人的固有模式。听着外婆的哭诉，我越发意识到，人一定要在心里给自己留出空间，一定要认清自己，明白哪些事情自己能够掌控，哪些只能顺其自然。

我们无法强迫别人爱我们、理解我们，没办法决定别人的眼光和对待我们的态度，即使是家人，我们也不能有这种理所当然的期许。

其实，为了认识这一点我走过很多弯路。我这一辈子，大多数时候都在期盼能过上不一样的日子。小时候，我甚至觉得自己本是生在一个温情的家庭，后来遭到绑架才被迫跟母亲一起生活。我常常祈祷我的正牌父母能找到我，解救我于水火。后来，当我认识到真相并非如此，我还着实为此痛苦了好多年。所谓接受现实，并不是要强迫他人正视其行为，也不是要求他人做出强人所难的改变，而是要改变我们自己在人际关系方面的想法和态度。虽然我还会时不时想要知道舅舅与我们决裂的原因，但我明白，他并不欠我们任何人一个解释，或许，他自己也说不清事情为何会走到这一步。

不再跟舅舅走动虽然是件痛苦的事，但却让我更加清楚地认识到我在人际交往和与家人、朋友的互动中应该如何自处，我不能因为自己的情绪反应而责备他人，相反，我应该在感到不适和难过时，大胆地说出来，这样才能解决问题。这件事让我知道自己可以做一个更细心的倾听者，也可以成为一个更优秀的母亲和妻子。我需要的是良性沟通，即有话就直说。沉默解决不了问题，它只能伤害感情，让事情恶化，导致事情无法补救。所以，你千万不要用沉默来表达你的憎恶、蔑视，也不要试图用沉默来压迫对方，这样做的结果只能是两败俱伤，我外婆的眼泪就是最好的证明。

接受现实的态度教会我有备无患，只有这样，当厄运来临我才不至于无路可退。我希望，不管发生什么事，我都能给我的小孩和家人营造一个温暖的家，在我的家里，哪怕有分歧、有误解，每个人还是会相亲相爱。我学会了正视无法改变的现实，也因此有能力拔出长在心头的毒草，有能力走出貌似无法打破的心灵创伤的魔咒。沉默、隔绝都解决不了问题，只能分散我们的精力，成为我们追逐爱、理解和归属道路上的绊脚石。

我会努力维系内心的平静,

曾经的痛苦一定能帮助我更好地成长。

我会努力学习接受现实,

即使自己遭遇到不公的对待,

我也要尝试接受和理解。

关于
接受现实的
思考

ACCEPTANCE MEDITATION

学会接受现实有哪些好处?怎样才能优雅而宽容地面对无法改变的一切?

经验十五

学会放下

FORGIVENESS

有时,曾经的伤痛就是会挥之不去,它们像一层皮肤,紧紧地附着在你的身体上。为了摆脱伤痛,你甚至想要忘记自我,不管是现在的,还是曾经的,只要能够摆脱伤痛,你什么都愿意舍弃。然而,今天的你依然坚强地活着,我为你感到骄傲。你能实现蜕变,真的非常了不起。你这一路走来,自我意识已经深入骨髓,你知道,正是你过往的经历和感受造就了今天的你。不过,即使你已经取得了巨大的进步,完成了了不起的跨越,你的那些不愿回想起来的点点滴滴还是会给你带来这样那样的遗憾和失落。

你要知道，逃避无法解决你内心的痛苦，无法帮你找到真正的出路。你不能假装痛苦并不存在，更不能压抑内心真实的感受。你为什么要这样做呢？这样做会造成什么样的问题？你应该安之若素，正视它、感受它，伤心难过的话就大声哭出来。只有让它好好地来，才能让它好好地去。比起挥之不去的痛苦感受，或许你更害怕它们会消失，那样你就失去了犯错或屈服的理由。记住，你要做的不是逃避，麻木、无视都解决不了问题，愈合修复的过程总是有起有落，这很正常，你要认识到这一点，接受并感谢这个过程。

所有的改变都不可能一帆风顺。你心底知道自己就像一件艺术品——抽象而深邃，还有很多待发现的魅力。你已经弥合了曾经的失落，呵护了过往的伤痛，但你还远远没有做到放过自己。你要记住，你很棒，不应该再继续折磨自己，你要卸下心防，学会原谅，你可以变得更勇敢、更温暖、更坚强，你只是还不知道自己的潜力。但即便如此，你每天还在不断努力，我为你感到骄傲。

如果你觉得自己的人生已经不过如此，那你真的很难再创造出新的境界。所谓原谅，就是学会放下，就是不再压抑你的情感，你要认识到自己的脆弱，也要看到自己的勇气。我知道，对未知的世界敞开心扉很难，但你必须坚持，哪怕困难重重，你也一定会找到出路。你一生一定犯过错误——或大或小，有些或许还给你造成了巨大的伤害——但你一定不要压抑内心的遗憾，千万不要任由它在你体内和灵魂深处慢慢发酵。你要学会放过你自己，哪怕是那些令你无比痛苦的事情，你也要学着释怀。你不必再为过去的事情懊悔，你已经做出改变，过去犯下的错误只代表过去，它们不过是人生的一种经历，没有曾经每走过的一步，你就无法走到今天，也就无法成为这个出色的你。

即使在情绪低落的时候，你也要相信自我放过的力量，它能教会你许多东西，你所有的不足、过失、羁绊甚至摔过的跟头都是非常宝贵的教训。未来你还会继续犯错，你不要再苛责自己，哪怕在最难的时候，你也要爱自己。学会放下，你才能真正地认识自己，了解自己的过去，期许自己的未来。学会放下，你才能了解心存怜悯和保持清醒的重要，你对别人都能温柔以待，对自己更应该宽容。你不比任何人差，你要充分认识到这一点。即使有什么事让你痛彻心扉，你也要记得善待自己，自我成长的过程需要你小心地呵护。如果你想宽恕别人，你首先得原谅自己，学会放下可谓是利人利己的事，需要你不断的练习和投入，也需要你正视自己内心的伤痛。

逃避不是办法，你要站出来勇敢面对。你在成长的过程中背负了太多的包袱，它们只会伤害你，让你陷入沼泽，沉入深渊。你一定要清楚地知道，那些包袱不是你的。的确，你的人生有过失落，你的内心缺乏安全感，甚至骨子里总觉得自己被这个世界抛弃了，这一切我都能理解，但你要知道，所有这些想法都会妨碍你看清自己，妨碍你发现自己的潜力。看看现在的你自己，状态如何？此时此刻你是不是还活着？是不是还能呼吸？就算有些气喘吁吁，那又如何？你不必对过去的伤害耿耿于怀，你要把它们卸下来，把它们留在过去。你要整理好自己，重新出发，如果这次没做好，那就再来一次，或早或晚，你一定能成功地走出过去的伤痛。

当然，摆脱过去的阴霾不可能一蹴而就，不过，只要努力，你每天都会成长为全新的自己。成长需要时间和耐心，你要不断给自己鼓劲儿，你潜力无限，你有权决定自己的人生。不管人生多么艰难，你都要相信自己有能力像雨后的太阳一样，穿透层层迷雾，走出阴霾。成长的路上，你可能会迷失，但没关系，最终你一定能回到温暖的家。只有学会放下，你才能真正认识到过去已经无法改变，而你所能做的就是善待自己，这样才能成就更好的人生。只有学会放下，你才能真正发掘自己的潜力以及生命的活力。

学会放下，你才能卸下包袱，才能获得福报。当然，在学习放下的过程中，你千万不要钻牛角尖，你完全可以探索出一条新的道路，所以请你放心大胆地前进。未来的日子里，你还是会对自己的所作所为感到懊悔，还是需要拿出原谅自己的态度，这很正常，人无法保证自己所有的决定都正确，但只要你的初衷是好的，尝试和犯错都不是坏事，它们只会让你变得更加自如，帮你蜕变成更好的自己。

正所谓，金无足赤，人无完人。你不要因为自己的失败和无知而痛恨自己，哪怕下一次你又犯了同样的错误，也没关系，这就是成长的代价。你曾经感受过的每一份痛苦都能让你更好地学会坚强。自我修复需要时间，更需要你对自己的宽容。记住，你的内心强大而完整，即使面对意想不到的变故，你也要坚信这一点。对于那些伤害、贬低、拒绝过你的人，你要对他们报以宽容之心，因为只有这样，你才能获得内心真正的自由。怨恨他们，浪费的是你的时间和精力，也会妨碍你成为更好的自己。

刚开始的时候，你不要着急，不要逼迫自己一下子就整理好所有的情绪。生命赋予我们最宝贵的礼物就是让我们明白，生活不可能事事顺心，但即便如此，你也可以带着一颗温柔包容的心勇敢面对世间的一切。无知、怀疑、冷漠、不解、觉得自己再也站不起来了，所有这些感受都很正常，你不要因此而纠结。重蹈覆辙、没能总结教训，没关系；对过去心生愧疚，没关系；中途放弃、重新开始，没关系；妄自菲薄、自暴自弃，没关系；自降身价、讨好别人，没关系；没能准确判断、及时抽身，没关系；自轻自贱、没能保护好自己，没关系；浪费韶华、误入歧途，没关系。这一切，都没关系，你要放过自己，你值得拥有更好的生活。

你一定要学会好好爱自己，你所取得的每一个小成就都很了不起，你的内心十分强大，一定能够做到。遇到困难时，我希望你能找到内心的力量，克服障碍，继续向前。你已经很棒了，所以你要给自己营造一个轻松的空间，给自己更多的理解和包容。以往受伤的经历已经能向你证明，所有伤痛都一定会过去，而人生道路上你还会遇到新的困难、面对新的冲突，也会拥有新的人际关系、爱、失落和内心的挣扎，你要不断总结经验教训，相信自己。你的幸福快乐，尽在你的掌控之中。

若想获得内心真实的幸福和自由，你所需要的不是来自外界的肯定，而是自我的褒奖，这是你与生俱来的权利。这世上，没有人能做到十全十美，人生的道路你可以重新选择，所以，你一定要对自己宽容，风雨过后，太阳会重新照亮天空；而在太阳出来之前，你一定不能放弃，你要爱自己，越是在艰难的时刻，越要善待自己。我们每个人都在尽我们所能成就更好的自己。

我会找到自己的归属,
学会对自己温柔。
自我疗愈和自我成长的路上,
我不一定非得做到尽善尽美。
犯错很正常,
正是因为之前的错误,

我才拥有了更强的可塑性，

才会积极地学习，

理解外面的世界。

我会尽我所能，

我相信自己的决定，

从此我不会再妄自菲薄。

关于
学会放下的
思考

FORGIVENESS MEDITATION

学会放下并不容易,有时,原谅自己比宽恕伤害过你的人还要难。想一想,有什么办法能让你真正放下过去,你又该如何克服困难,成就更好的自己。

送给读者，
与君共勉

A NOTE TO YOU

　　我在自我发现之旅开启之初，看不到任何希望，总感觉自己做什么都不对。我以为必须按部就班地找到问题，各个击破，但真实情况并非如此。我的人生就像是一个大箱子，里面装满了我不想要的垃圾、我耿耿于怀的情感伤害以及我对他人或对或错的心理投射。事实上，我要做的是把箱子清空，重新来过，带着我真正需要也真正属于我的东西轻装上阵，包括那些自我发现的旅途中用得到的方法和经验。但是，在整理箱子的过程中，我完全不晓得什么东西该保留，什么东西该丢弃，我因此而心生恐惧，毕竟，从来没有人让我好好思考过这个问题。

我之前的人生可以被描述成一个漫长的雨季,我从来没有感受过真正意义上的幸福和骄傲,这也是我开始自我发现之旅的初衷。我之所以跟大家讲述我的这段经历是想告诉你,如果你现在也身处低谷,也想找寻出路、做出改变,那你一定要先清空自己的箱子,重新整理,轻装上阵,丢弃掉那些阻碍你成就更好的自己的包袱。逃避、躲藏、找借口,永远也解决不了问题,这些办法我都驾轻就熟——过去的很多年,我一直都在这么做,结果我一无所获。所以,如果你想做出改变,你得打心眼里想要追求更健康、更美好的生活。当然,这么做并不容易,你要面对很多艰难的抉择,但你一定要坚持下去,因为你值得拥有真正的幸福。

我希望你看了这本书后能受到鼓舞,迈出自我探索的第一步,弄清楚自己的人生目标,总结过往的经验教训,从而开启真正的蜕变。如果你跟我当初的情况一样,你或许也会感到恐惧,还会踌躇不前,那我要告诉你,恐惧解决不了问题,它只能成为你寻找快乐的绊脚石。你未来可期,人生充满了各种可能,或许你现在还看不到，但它们都真实存在。最初的我，以为自己的人生毫无价值，到了后来，我却学会从哪怕最普通的事情中找到生命的意义，这就是发生在我身上真实的变化。我们不该停滞不前，不该让人生成为一潭死水。

或许你会认为我讲得有点牵强，即便如此，我还是要告诉你，我们每个人降临到这个世界都有其原因和价值。不论你的成长环境如何，不论你是否经历过情感缺失、心理伤害、心灵刺激或其他种种，你始终要相信你内心有种特殊的力量，它能够让你走出当下的阴霾，走向明天的辉煌。人的一生不可能一成不变，每个人都渴望被爱、被呵护，但我们首先要想办法爱自己、呵护自己。我们总是会找出各种借口，说自己没办法做出改变，老实讲，如果你意志不够坚定，对自己没有足够的信心，所有的借口都将成为你的羁绊，都会让你停滞不前。请你一定记住我的话：你的命运掌握在自己手中，我希望你能够大刀阔斧地下定决心，努力变成更强大的自己，不要再为了一时的轻松或为了别人的开心而畏缩不前，不要让你的人生留有遗憾。你要肆意地绽放，在雨中舞蹈、呐喊，每一步前进和努力的路上都不要忘记你的初心。玛雅·安吉罗①曾经说过，"你要按照自己的意志生活。"你一定要对自己的改变有信心，诚然，旅途中你难免会遇到困难，毕竟这个过程不可能像在公园散步那般轻松，但是，哪怕摔得灰头土脸，你也一定要坚持，哪怕碰得头破血流，你也没有借口放弃。这世间，并不只有那些人生导师才能成功，才能成就自我，只要你勇于尝试、愿意从失败中学习，你就能增长见识，实现成长。有时候，事情可能跟我们预想的不同，没关系，你要知道，我们生而为人，都有很大的变通能力，变化没有什么可怕的，自我发现的探索本身就是一个尝试和犯错的过程，虽然不会一帆风顺，但一定会越变越好。请你给自己一个机会，按照自己的意愿，成就圆满而充实的人生。

我在这里并不想给你营造一种假象，告诉你从痛苦中成长是一件多么轻松愉快的事。真实情况并非如

---

① 玛雅·安吉罗（Maya Angelou），美国黑人人权作家、当代美国黑人女诗人的杰出代表。她的诗歌代表着鲜明的民族主义立场，"黑色权力"（为黑人种族争取自由和平等）以及黑人妇女的觉醒。

此,整个学习过程非常痛苦——有时甚至比我们遭受的伤痛本身还要痛,毕竟曾经的伤痛已经跟随我们太久,对也好、错也罢,我们已经习以为常。过往所有的记忆、感受、伤心以及它们所带来的改变都像刻在水泥地上的名字,已经深入我们的骨髓,无法抹去,但我可以负责任地说,若不是曾经的心碎,我无从知晓哪里能找到自己的柔情和完整,若不是曾经的心碎,我不可能成为今天的自己。要想走出过去、摆脱负面情绪,我们就要做到心胸开阔,更要懂得善待自己,不这样做,我们就很难真正做到自我关爱,也很难做到持之以恒。

疗愈这条路上,我们走得越远,人生就会越完整。所以,我们一定要坚持,不断给自己鼓劲,正视真实的自己,这是我们迈向成功的第一步。

我真心祝愿你能勇敢地开启自我发现之旅,你要相信自己能够坚持到最后。人的一生都会经历变故,有些变故甚至可能让你感觉世界崩塌;你也一定会经历风雨,有时甚至觉得自己无论如何也挺不过去,所以想清空箱子重新来过。遇到困难时,你一定要记住,所有这一切都不会将你打垮，只会帮助你实现蜕变。整个过程中，最难的或许就是你要调整心态，随着不断发现新的自我，你会感觉生活也发生了改变，很多困难也都可以迎刃而解。你不要给自己太大的压力，不要急于找到解决问题的答案，慢慢来，把心思放在自身的改变上，这是你改写自己人生的宝贵机会，是你亏欠自己的，所以，你一定要抓住。在你奋力前行的过程中，你一定要坚持自我，做到不卑不亢。

旅途中你可能会迷失方向，可能需要重新规划路线，你要知道，即使你觉得漫无目的也没有关系，我得到的最宝贵的经验就是成长的路上没有终点，你走过的每一步都会有新的发现，都会有新的改变。我希望你相信自己，你的能力非凡，前途不可限量，请你一定为风雨过后的成功人生做好准备，任何时候开始都不晚。

作者致谢

ACKNOWLEDGMENTS

在此,我要诚挚地感谢我的先生,他是这世上第一个真正相信我的人:谢谢你坚定不移地支持我的艺术创作,谢谢你愿意成为我的第一个听众,谢谢你给予我的全部信任,谢谢你愿意让我把我们的故事分享给读者。你是诗的化身,是我人生最美丽的篇章,永远,直到永远。我要感谢我的大女儿查琳,你是一个天才,你是我的老师,我对你的爱超越日月星辰,是你改变了我的人生,是你激励我成为了更好的自己,我希望你能不忘初心,永不放弃自己的梦想;我要感谢我的幸运宝贝伊拉，我爱你身上散发出来的阳光和朝气，你的到来让我们家变得更加明媚、更加幸福，我的小可爱，你一定要一直阳光快乐下去；我要感谢我的三女儿马克西姆斯，你是我生命中最大的奇迹。我要感谢我的婆婆伊利安娜·沃森，你的爱改变了我的人生，我会永远把对你的记忆深埋在心底；我要感谢我的母亲维多利亚，感谢你生养了我，感谢你那么爱我的小孩，生活中有你的帮衬是我们十足的幸运；我要感谢我的外婆，感谢你为我做的每一次祷告；我要感谢我的继父詹姆斯，感谢你的善良与慷慨，你话虽不多，却给了我的小孩最真挚的爱，你是他们最好的姥爷；我还要感谢我先生的姐妹艾珍和赛达，感谢你们跟我分享做母亲的经验，千山万水也无法阻隔我们的情谊，感谢一路上有你们相伴。

我要感谢我情同姐妹的好友：汤娅、艾赫丽克、约瑟芬娜、亚斯明、埃里卡、萨法和瑞秋，谢谢你们成为我的朋友、家人，我无法想象如果没有你们我的人生将会怎样，是你们让我成为了更好的自己。

我要感谢那些帮我走出过去、做出改变的朋友们。他们是贾米拉·雷迪、丽莎·奥利维拉、娜杰·威尔斯霍尔、乔迪·维斯特罗姆、伽内·纳西门托、艾瑞卡·钦迪·科恩、克里斯蒂·布拉特、安琪·安德森、摩根·韦斯特、法拉·斯凯奇、萨茜·钱德兰、索菲亚·罗、瓦妮莎·卡德纳斯、亚那·诺华斯麦基和萨兰·托比,谢谢你们对我的热情投入和真挚付出,谢谢你们告诉我人生的道理,谢谢你们的陪伴和交流,谢谢你们相信我能做出改变,谢谢你们的智慧和慷慨。

我要感谢我的经纪人辛迪,谢谢你的坚持和果敢,谢谢你对我的信任和鼓励,有你帮我宣传作品是我巨大的幸运,谢谢你总能看到我的进步和成长。

我要感谢我的编辑蕾切尔和纪事出版社（Chronicle Books）的相关团队,我非常荣幸能由你们出版我的作品,感谢你们对我作品的信任,感谢你们给了我自由的创作空间。

我要感谢我的新老读者，没有你们的支持，就不会有我成为作家的今天，感谢你们选择购买、阅读我的作品，感谢你们让我的文字走进你们的心灵。

我还要感谢我自己，感谢我自己在生命最艰难的时候也没有放弃，生活因为你的努力才变得更加美好，感谢你挺过了风雨；人生路漫漫，虽然很多时候你都处于迷茫的状态，但你还是找到了属于自己的路，最后证明，你所有的付出都是值得的，伤痛来袭，你已经学会去正视它，我对你的选择感到无比骄傲，是你的梦想、勇气和坚忍为你开创了不可限量的未来，你经历的每一滴雨水最终都成了你的滋养，我爱你。

我还要感谢带给我无限力量的精神导师：奥普拉·温弗瑞、伊萨·雷、布芮尼·布朗、玛雅·安吉罗、贝尔·胡克斯、阿比盖尔·托马斯、茱莉亚·卡麦隆、尼基·乔凡尼、奥德莱·洛德、托妮·莫里森和米歇尔·奥巴马，你们是我的灯塔，给了我智慧和勇气，感谢你们为这个世界所做的一切。

图书在版编目(CIP)数据

每一个你都灿若星辰 /（美）亚历桑德拉·艾尔著；陈晓颖译. —北京：中译出版社，2022.1
书名原文：After the Rain
ISBN 978-7-5001-6761-7

Ⅰ.①每… Ⅱ.①亚… ②陈… Ⅲ.①成功心理－通俗读物 Ⅳ.①B848.4-49

中国版本图书馆CIP数据核字（2021）第197932号

Copyright 2020 by Alexandra Elle.
All rights reserved.
No part of this book may be reproduced in any form without written permission from the publisher.
First published in English by Chronicle Books LLC.San Francisco, California.
著作权合同登记号：图字 01-2021-4445

出版发行 / 中译出版社
地　　址 / 北京市西城区新街口外大街28号普天德胜科技园主楼4层
电　　话 /（010）68005858，68358224（编辑部）
邮　　编 / 100044
传　　真 /（010）68357870
电子邮箱 / book@ctph.com.cn
网　　址 / http://www.ctph.com.cn

策划编辑 / 范　伟
责任编辑 / 张若琳　范　伟
营销编辑 / 曾　頔
封面设计 / 舆書工作室
排　　版 / 北京竹页文化传媒有限公司
印　　刷 / 中煤（北京）印务有限公司
经　　销 / 新华书店

规　　格 / 787mm×1092mm　1/32
印　　张 / 6.375
字　　数 / 150千字
版　　次 / 2022年1月第一版
印　　次 / 2022年1月第一次

ISBN 978-7-5001-6761-7　定价：49.00元

版权所有　侵权必究
中 译 出 版 社